Jugando con los Ángeles

Diseño de tapa: María L. de Chimondeguy / Isabel Rodrigué

HANIA CZAJKOWSKI

JUGANDO CON LOS ÁNGELES

grijalbo mondadori

Czajkowski, Hania
Jugando con los ángeles. - 17ª ed. - Buenos Aires : Grijalbo, 2015.
208 p. : 22 x 14 cm.

ISBN 950-28-0307-8

1. Angeología I. Título
CDD 291.213

PRIMERA EDICIÓN
Noviembre de 2003

DECIMOSÉPTIMA EDICIÓN
Julio de 2015

IMPRESO EN LA ARGENTINA

Queda hecho el depósito
que previene la ley 11.723.

Humberto I 555, Buenos Aires, Argentina.
www.megustaleer.com.ar

ISBN 10: 950-28-0307-8
ISBN 13: 978-950-28-0307-4

Esta edición de 4.000 ejemplares
se terminó de imprimir en Sevagraf S.A.,
Costa Rica 5280, Malvinas Argentinas, Buenos Aires,
en el mes de julio de 2015.

Agradecimientos

Cuando los seres humanos vibran con energía angélica, su presencia y compañía irradian una luz especial.

Quiero agradecer a todos los seres que con su cercanía fueron para mí los ángeles terrestres que me rodearon con su luz y extendieron sus alas para ayudarme.

A Aníbal, por ser mi ángel protector y sostenerme con sus alas con tanto amor.

A Alejandra, mi hija, por ser el ángel de la alegría y revolotear cerca de mí con tanta dulzura.

A Rosalía, mi madre, por ser el ángel de la sabiduría y comprensión, por envolverme en sus alas, como cuando era niña.

A Néstor Cabobianco, mi guía angélico, por ayudarme con sus alas a pasar los límites conocidos y seguros sintiéndome acompañada.

A Luis Jait, mi amigo alpinista, por ser el ángel guerrero que me demostró cómo desplegar las alas para volar alto y no tener miedo.

A Eugenio Carutti, mi maestro de astrología esotérica, por guiarme con sus alas hasta los confines del sistema solar.

A Henny, la Maga, mi guía hacia el pasado, por abrirme con sus alas las puertas de los secretos.

Y a todos los ángeles que, visibles o invisibles, susurran mensajes, dejan señales y nos ayudan a explorar horizontes apasionantes.

Queridos lectores

Mucho nos aconteció desde aquella lejana primera edición de *Jugando con los ángeles*.

Tanto en nuestra vida personal como en la colectiva.

Apenas pasamos el umbral del siglo XXI el mundo se volvió más intenso, se aceleró el tiempo y se amplificaron todas las energías. Tanto las de la Luz como las de la sombra.

Estamos sintiendo ahora mismo las vibraciones del salto evolutivo anunciado por todas las profecías. Mientras una imparable oleada de Luz desciende ampliando nuestra conciencia, una pesada masa de sombras se opone a ella.

Y es ahora, a cada segundo, cuando debemos optar por abrirnos al cambio e inundarnos de Luz o cerrarnos y resistir aferrados a las viejas formas.

Nuestra adhesión incondicional a una de las dos maneras de vivir es crucial.

Éste es el momento, hay que dejar que la infinita mente angélica nos inunde con Luz y disuelva las partes mecánicas y repetitivas de nuestra propia mente.

Los ángeles son maestros en vuelos, en transparencias, en fortalezas, en dulzuras y en cuidados.

¡Los necesitamos más que nunca! ¿Estamos de acuerdo?... Ellos son quienes tienen la fundamental misión de ayudarnos a dar el salto evolutivo anunciado por las profecías.

Por eso los Maestros aseguran que miles de millones de ángeles, comprendiendo lo que pasa, descendieron a la Tierra para ayudarnos a tomar esta decisión y responder a una única pregunta. Que en nuestra más secreta intimidad todos escuchamos. Una pregunta fuerte, continua y tan insistente...

Ya no podemos quedarnos en medias tintas:

¿Elegiremos el Amor o elegiremos el Poder como el motor de nuestras vidas?

Es posible ver los efectos de esta elección en las miradas vacías de algunas personas que ya decidieron. El Poder, cuando es la única fuerza, a pesar de parecer que diera algo, sólo devora las almas de todos sus súbditos. Y da lo mismo que los que lo flamean crean ser los amos o que, observándolos detenidamente, estén en el lugar de los esclavos.

El Amor, sin embargo, siempre nos libera.

Quienes elegimos el Amor tenemos la mirada más brillante que nunca, y un destello de comprensión nos distingue entre las multitudes para saber reconocernos. Juntarnos. Cuidarnos. Y éste es el verdadero poder.

Integrando el Amor y el Poder en una sola fuerza

Pero... ¿Cómo hacerlo?

Un antiguo comentario chino del Libro de las Mutaciones, el milenario *I Ching*, alberga una clave en el Hexagrama 15.

"El hombre tiene en sus manos el recurso de configurar su destino, y su éxito en ello depende de si se expone, mediante su comportamiento, al influjo de las fuerzas cargadas de bendición o de destrucción."

La clave que nos interesa puntualmente es... "mediante su comportamiento", o sea "mediante su accionar".

Pero... ¿Cómo ser impecables en nuestro comportamiento en medio de los más y más fuertes Vientos de Cambio de vibración?: Tomando conciencia.

Tal vez te reconozcas en alguno de estos síntomas propios del siglo XXI...

¿Muy a menudo nos sentimos emocionalmente alterados?

¡Es tiempo de fortalecernos más!

¿Estamos muy sensibles y comprendemos las cosas con más facilidad. Las vemos y reconocemos más rápidamente...?

¡Tenemos que confiar en nuestra intuición!

¿Muchas veces nos dispersamos y olvidamos todo lo que aprendimos justamente para estos tiempos, a lo largo de tantos años de preparación? Debemos juntar nuestras fuerzas, usar el conocimiento y volver a nuestra continua sonrisa interna.

Y aprender a elevarnos... más. Y más. Y más.

Es muy recomendable volvernos estables, livianos, transparentes, inocentes y fuertes. Cuanto antes.

Por eso esta edición ampliada de *Jugando con los ángeles* cuenta con un fuerte Botiquín de Primeros Auxilios Angélicos. Especial para este siglo.

Se puede utilizar tanto a nivel individual como en reuniones grupales o en consultas; es sorprendentemente efectivo.

Los siete Tratamientos del Botiquín curan raspones del alma provocados por los cambios vibratorios.

Nos dan potentes vitaminas emocionales para volvernos más resistentes.

Limpian nuestra aura de las miasmas de la sombra.

Nos liberan de energías opresivas.

Y nos enseñan a mirar el mundo valientemente.

Alegremente...

Livianamente...

Tal como lo ven los ángeles.

Parte 1

Amo a los ángeles

Amo a los ángeles, a los duendes, a las hadas

Todos ellos se ocupan de mis sueños, son mis aliados y, cada uno a su manera, me ayudan a darles forma, color y realidad.

Amo a los ángeles, muy especialmente... porque ellos saben distinguir cuál es el verdadero esplendor entre tantos otros brillos.

Por eso no nos dejan conformar con sueños mediocres o carentes de belleza.

Por eso presentan ante nuestros ojos mágicas visiones y susurran en nuestros oídos secretos mensajes de conquista y cambio.

Los amo por tener esa certeza, tan angélica, de saber cuál es la mejor alternativa, la más luminosa, cada vez que, parados ante una encrucijada, nos sentimos desorientados y vacilamos sobre qué camino elegir.

Su existencia comienza exactamente en el límite donde termina nuestro pensamiento racional y lógico, donde termina nuestro mundo convencional y rutinario. Pasando ese límite, comienzan la sorpresa y el asombro. Es allí donde es posible encontrarlos, sutiles, livianos, de rostros luminosos y hermosos ropajes.

Amo a los ángeles, muy especialmente por haber extendido sus alas para ayudarme a pasar las fronteras racionales y llegar a ese misterioso sitio donde uno se transforma y comienza nuevamente a tener fe. Para lograrlo tuve que dominar mi mayor miedo, el de ser diferente.

Ese miedo se fue disolviendo...

Cada vez que yo me dejaba caer por el desánimo, ellos me sostuvieron con sus alas.

Cada vez que estaba desorientada, ellos susurraron mensajes fantásticos en mis oídos y dejaron señales para indicarme el camino de mis sueños, tan fácil de perder.

¿Cómo no amarlos después de estas experiencias?

Las hadas y los duendes también transitan por estos caminos, por eso muchas personas no pueden encontrarlos... sobre todo si hace mucho tiempo dejaron de soñar y sus proyectos se taparon con las malezas y las hierbas tupidas que crecen sobre los sueños nunca realizados.

Los ángeles me enseñaron verdades y secretos ocultos en los viejos cuentos de la infancia. Cenicienta tuvo una hermosa carroza y un bellísimo traje, pero era ella quien tenía que participar del baile. Los ángeles nos ayudan pero no actúan por nosotros.

Los ángeles me enseñaron también que las oraciones aprendidas en la infancia son una protección fuertísima y son fórmulas mágicas; por lo tanto, están llenas de poder.

Los amo por devolverme la magia, la fe en mis sueños, la confianza y la memoria de un origen muy antiguo.

La memoria olvidada de ser hijos del Cielo, hijos del esplendor, hijos de Dios.

Esta memoria de nuestro verdadero origen es uno de los primeros regalos que recibimos de los ángeles al comunicarnos con ellos y nos permite entrar cada vez más en sus dominios. Con la facilidad que tienen los niños, para quienes este mundo mágico está siempre abierto.

Búsqueda y encuentro de los tres Cielos

Les contaré una historia, un pequeño relato, de cómo seguir las huellas de los ángeles hacia un lugar donde el corazón late cada vez más fuerte. Ellos dejan señales para muchos caminos posibles, a veces muy diferentes, aunque todos conducen finalmente a ese sitio sagrado y pleno... el de los Cielos interiores.

Descubrí las primeras huellas de ángeles cuando era niña. En ese tiempo, como todos nosotros, yo sabía y tenía todas las llaves mágicas. Llamo a ese tiempo, el de la infancia, el primer Cielo.

Con certeza, los ángeles poblaban mi primer Cielo; luego los perdí de vista.

Seguí sus pisadas a veces en el segundo Cielo, esto es: cuando crecemos y, buscando explicaciones para todo, dejamos olvidadas las llaves mágicas en algún lugar y... nos transformamos en adultos.

Reencontré a los ángeles y volví a guiarme con sus señales en el tercer Cielo, momento difícil de situar cronológicamente en nuestras vidas; generalmente lo encontramos dejando hablar nuevamente a nuestro corazón y animándonos a escucharlo.

Cuando por fin se derrumban las barreras que levantamos para protegernos de nuestros sueños... dejamos entrar a un ángel.

Él levanta la pesada piedra que oprime nuestro

corazón y la arroja muy lejos. Entonces podemos seguir sus pisadas nuevamente y éstas nos conducen por fin hacia la puerta del tercer Cielo.

Las huellas del ángel señalan caminos no transitados por muchos pies; sólo los soñadores, los poetas, los magos, los niños grandes o los chicos se atreven a seguirlos.

Del otro lado de la puerta, en el tercer Cielo, un secreto nos es revelado: nuestro propio esplendor, oculto profundamente en los Cielos interiores.

PRIMER CIELO

Los primeros recuerdos de presencias angélicas se relacionan con las noches estrelladas y misteriosas.

Solía quedarme muy quieta y en silencio, esperando la aparición de algún personaje de los cuentos o de la realidad poblada de seres encantados de mi mundo infantil, mirando fijamente hacia lo alto.

Hadas, duendes, príncipes y ángeles, todos ellos descendían en algún momento de ese lugar mágico, titilante, desconocido... El Cielo.

Los ogros, dragones y monstruos horripilantes emergían según mi visión infantil desde alguna oscura caverna o quizá del fondo del mar.

Todos mis miedos estaban allí, amenazantes y latiendo en la oscuridad, esperando salir desde las profundidades para atacarme.

Toda la ayuda y la protección estaban allí, en ese Cielo titilante, para defenderme de lo que me daba tanto miedo y para darme fantásticos dones.

Los seres que me acompañaban permanentemente eran los ángeles.

Para esa pequeña niña que yo era, claramente, había una dimensión que era el Cielo, luminosa, alegre, de donde necesariamente venía lo bueno y que hacía desaparecer a los dragones y monstruos.

Luz, alegría, ayuda y protección, sin dudas, venían de ese firmamento estrellado y desde allí bajaban los guardianes, los amigos fieles, los ángeles.

Al comienzo de este camino lo único que no sabía era que esa plenitud y esa felicidad, sentidas en la fe y la inocencia del primer Cielo, dejarían en mi interior una nostalgia tan profunda...

Los ángeles nunca cesaron de acompañarme, pero al crecer perdí el contacto fácil, directo y natural con su dimensión mágica.

Yo no sabía que la nostalgia del primer Cielo nunca se cura en nuestro mundo racional, tan ordenado y tan lógico.

Detrás de muchas búsquedas, a las que llamamos de mil maneras diferentes, está el primer Cielo. Nos guía el recuerdo de esa plenitud, pero no sabemos cómo recobrarla.

Les contaré la historia desde el comienzo... cuando todavía nada sabía de que la vida me alejaría del primer Cielo y de que después nunca dejaría de buscarlo.

Ésa es entonces mi primera sensación de Cielo, muy lejana pero tan intensa... no había dudas ni posibles interpretaciones secundarias. El Cielo era el Cielo, un lugar desde donde descendía lo que un tiempo después supe que se llamaba gracia.

Cuando comencé a tener definiciones y explicaciones para todo, aprendí que la gracia es la capacidad de tener belleza sin esfuerzo. Y me gustó esa teoría, me pareció mágica.

Los límites entre el Cielo y la Tierra, en realidad, no estaban muy definidos; desde lo alto los ángeles descendían libremente, trayendo la gracia, y caminaban a mi lado naturalmente; era simple.

También podía toparme con un monstruo o un dragón. Pero, ¿cómo dudarlo? Los ángeles estaban cerca para ayudarme.

SEGUNDO CIELO

Durante mucho tiempo el Cielo quedó olvidado como lugar para encontrar respuestas.

Las verdades estaban en el Universo intelectual, en las posturas filosóficas y políticas: en la liberación total de estructuras y seguridades.

¿Qué podía darme el viejo Cielo en esas circunstancias, cuando yo estaba tan ocupada investigando la Tierra? Lugar de donde, para ese entonces, ya habían desaparecido los dragones y las hadas.

Mis estudios de arquitectura me conectaban por fuerza a la realidad material, aunque contenían una gran dosis de creatividad.

Allá, en lo profundo, la nostalgia del primer Cielo emergía cada tanto, pero rápidamente era tapada por más intelecto y más ideas sobre la verdad.

Toda mi generación, profundamente idealista y apasionada por la vida, buscaba y buscaba la verdad, demoliendo en esta búsqueda todo lo que se encontraba en el camino.

Estábamos muy apasionados por la vida y por la visión presentida de un mundo lleno de esplendor, y no nos dábamos cuenta de lo cerca que nos encontrábamos del primer Cielo.

Muchos ángeles nos rodeaban cuando nuestras intenciones eran puras y apasionadas a la vez. Pero... ¡Cómo les cerrábamos el paso con nuestro intelecto rabioso y omnipotente!

Lo importante, para nosotros, era pasar las fronteras y derribar los límites, y muchas veces el mando fue dado a la mente y al intelecto aunque no lo pareciera. Deberíamos habérselo entregado al corazón, pero para eso hay que tener el suficiente valor.

Las aproximaciones a lo místico y a lo espiritual también servían para defender una "postura" ante la vida. Pero... ¿Tomamos el compromiso profundo de vivir de acuerdo con estos principios sagrados?

Explorando y buscando me acerqué por casualidad a la obra del filósofo hindú Krishnamurti. Con su primer libro, este mundo contestatario y rebelde paró repentinamente dentro de mí.

Todavía contengo el aliento cuando recuerdo la sensación de una fuerza volcánica arrasando de verdad las viejas estructuras mentales y conectándome nuevamente con una dimensión que, de tan absoluta, se transformaba en sagrada.

Este maravilloso libro me abrió la primera puerta de acceso a otro nivel de conciencia.

Después... otras puertas se fueron abriendo y vinieron los estudios de astrología esotérica, encarados desde una perspectiva de esta disciplina tal como lo fue en la Antigüedad, una ciencia sagrada.

Descubrí un mundo mágico, el de los cuatro elementos —fuego, aire, agua y tierra—, y me fueron develados muchos secretos sobre estos cuatro canales principales de energía.

Percibí asombrada los hilos invisibles y delicados que unen nuestros movimientos al Cielo.

Los planetas y las estrellas se relacionaron con experiencias terrestres... estaba fascinada.

Conocí las leyes que unen la energía de la Luna con nuestro propio campo emocional, la vibración de Venus con nuestra manera de sentir amor, la asociación del Sol celeste con nuestra vibración espiritual.

Pasé a situarme en un nuevo lugar, unido al Cielo por líneas invisibles y mágicas, y a ver que era posible reflejar estas líneas de energía en una carta natal. Entendía ahora que el Cielo y la Tierra se juntaban y se entrelazaban con estos hilos, en una textura admirable.

Descubrí nuevos caminos posibles de transitar, captando las energías sutiles de los planetas y aprovechando su potencia a nuestro favor. Así aprendí y acepto la información que da la astrología, no determinando el destino, sino como la carta de un navegante que informa sobre los vientos celestes que influyen sobre el carácter y la vida de las personas.

Continué buscando, investigando, estudiando, pero me faltaba unir mi primer Cielo, el de las hadas, los ángeles y los duendes, con el segundo Cielo, el de los planetas, los soles y las lunas.

La sensación de protección y ayuda, como la de la

infancia, volvía ahora desde algún lugar indefinido y me llenaba de alegría, pero aún no me daba cuenta de que los ángeles me seguían enviando sus señales.

Yo investigaba en la astrología, donde mi Sol en conjunción con Júpiter, planeta benéfico y de "suerte", me daba cierta explicación a esa protección, pero lo que yo estaba necesitando como respuesta era algo más.

Estudié mucho y tuve experiencias, seminarios de cristales, de metafísica, de psicología; todos tenían pedacitos de mis dos Cielos, pero no el total.

Sentía mucha magia y mucho Cielo cada vez más cerca de la Tierra... faltaba poco para abrir otra puerta.

La búsqueda era cada vez más intensa, en cada viaje me conectaba con "buscadores del tercer Cielo", aunque yo todavía no los definía así.

En uno de mis numerosos viajes a Brasil, país profundamente místico y mágico, conocí a Henny, en un pequeño pueblito cerca del mar al cual llegué "por casualidad".

Henny era una maga muy sabia que exploraba un lugar que siempre me fascinó y sobre el cual nunca tuve información: el de mis antepasados.

Mis raíces genéticas están plantadas en Polonia, tierra de mis padres, país por el que siento un profundo amor. Toda mi infancia transcurrió en un

clima que no se hubiera diferenciado, en nada, de haber nacido en Polonia.

Hasta los cinco años el polaco era el único idioma que conocía, y las tradiciones me fueron transmitidas con toda su fuerza y su encanto.

No conozco casi nada de mi historia familiar, porque los rastros se perdieron en la Segunda Guerra Mundial y sólo tengo partes fragmentadas con las cuales no pude reconstruir nunca ninguna historia completa.

Estoy convencida, independientemente de la teoría de la reencarnación, de que hay claves muy importantes que nos son transmitidas a través de los hilos que nos unen a nuestro pasado remoto.

Yo había explorado el futuro y el espacio lejano con mis conocimientos de astrología... ahora quería explorar el pasado y el profundo misterio de nuestros orígenes: por eso había encontrado a la Maga.

Mucho tiempo después descubrí que fui llevada a ese encuentro por una fuerza interior: una nostalgia que es aun más fuerte que la sentida por la pérdida del primer Cielo.

Las señales recibidas en mi encuentro con la Maga me confirmaron que cuanto más profundamente nos conectamos con nuestro interior, más claramente percibimos que venimos de una fuente de luz deslumbrante. Y ésa es la nostalgia.

Cuanto más intensamente nos conectamos con nuestro interior y vamos hasta las raíces más profundas, descubrimos en ese viaje cada vez más esplendor, más sabiduría, más poder. Y ésa es la búsqueda.

Si fuera fácil viajar al pasado a través de la memoria celular, llegaríamos enseguida a nuestra esencia, a la luz olvidada, a nuestro origen divino.

Pero la conexión puede aparecer mucho más cerca de lo que pensamos: sólo unas generaciones atrás... alguien o algo nos espera para darnos la llave que perdimos, y allí recobramos la cadena completa y todo nuestro poder espiritual retorna, como un volcán que se libera, como un río que descubre su fuente profunda y nunca más la olvida.

La Maga comenzó a conducirme hacia un estado de conciencia especial para poder acceder a la memoria ancestral. Iríamos hacia atrás, cada vez más lejos. Donde surgiera una señal indicando que había que detenerse, allí estaría la clave del viaje.

Éste tenía una secuencia que me conducía al pasado, ayudando en su recorrido a limpiar todos los miedos registrados en la memoria celular, abriendo canales hacia la sabiduría profunda.

Iniciamos el viaje de retorno... iluminando las raíces.

La infancia... voy iluminando y limpiando esta etapa de mi vida.

El nacimiento... lleno de luz este momento sagrado.

Primera generación... veo a mis padres, jóvenes y muy enamorados; los ilumino intensamente.

Segunda generación... todos mis abuelos están en

esta visión interior; los envuelvo en una luz liberadora.

Tercera generación... veo ojos conocidos en rostros desconocidos; todo se inunda de luz.

Cuarta generación... rostros, rostros, no hay señales, sólo luz.

Quinta generación... allí capto una señal poderosa. Un ser, una mirada penetrante y oscura, un hombre, vestido de blanco con ropas orientales, de tez blanca y cabello negro, clava su mirada en mí y me doy cuenta de que me está esperando.

En su mano brilla un objeto que destella rayos de luz. No puedo definir a este personaje. ¿Es un sacerdote, un mago, un rey? Irradia perfección, autoridad, aristocracia.

Al acercarme escucho su voz diciendo: "Por fin estás aquí. ¿Por qué tardaste tanto? Lo que estás buscando te será entregado".

Su mirada se dulcificó totalmente cuando tomó mi mano y me entregó el símbolo que estaba sosteniendo.

En ese momento escuché una música muy alegre y percibí la presencia de muchas personas, todas vestidas con ropas orientales.

Mi personaje ordenó: "¡Ahora... que comience la fiesta! ¡Gracias a Dios el símbolo fue entregado, después de tanto tiempo!".

Al salir de la experiencia la Maga Henny me esperaba tranquila e imperturbable. Terminé de contarle los detalles de lo que había visto; yo quería entender, interpretar. Henny me dijo: "Guarda estas señales en tu mente, y presta atención; cuando veas el símbolo en las manos de alguna persona, allí estará la clave de tu camino y ése será tu maestro. No te puedo adelantar cuándo ni cómo se producirá este encuentro. Pero lo que te aseguro es que el personaje que encontraste forma parte de tu sabiduría ancestral. Está ligado a tu camino y te dio informaciones muy valiosas que irás comprendiendo con el tiempo".

Investigué si existía alguna referencia de mis antepasados que me ayudara a entender mi "viaje". Sólo rescaté una historia muy difusa de un ancestro que había llegado a Polonia desde Oriente y se había convertido al cristianismo, pero sus huellas se perdían en el tiempo... había que continuar.

TERCER CIELO

Como buscadores, como peregrinos, nos vamos encontrando en el camino con otros "viajeros" y así intercambiamos nuestras experiencias y también las alternativas posibles para continuar avanzando.

No es por casualidad que los "viajeros" con los cuales yo me encontré a lo largo del tiempo compartían el

mismo objetivo: ¡alcanzar el esplendor interno!

Fui conociendo a buscadores del tercer Cielo cada vez más seguros, más apasionados y más comprometidos con este camino.

Al mismo tiempo yo volvía a sentir, cada vez con más intensidad, las presencias protectoras de mi infancia, sin darme cuenta de que eran ángeles.

Un amigo, peregrino y buscador, Luis Jait, psiquiatra y alpinista, me sorprendió por la persistencia y pasión que puso en la conquista de dimensiones sagradas y sentidos más profundos en su vida.

Sólo los ángeles pueden haberlo guiado a escalar la cima del Aconcagua, el pico más elevado de la cordillera de los Andes. Y Luis me explicó que bien valía la pena.

Él tenía "ese" brillo en la mirada, el de mi antepasado oriental, el mismo de la Maga y el mismo de un personaje que conocería pronto.

Con ojos encendidos por un misterioso fuego interior, me contó que en lo alto de la montaña descubrió la perfección, la dimensión espléndida, la revelación.

Y ésta llegó para mí en un momento inesperado, mostrándome otra puerta.

Les contaré ahora cómo se abrió esa puerta, dejándome sin respiración por algunos instantes eternos.

Estaba iniciando un seminario de ciencias sagradas, precisamente de angelología; era iniciático, o sea de carácter secreto.

El maestro era un Monseñor que se había formado en las tradiciones herméticas cristianas en Grecia, donde claramente predomina la influencia oriental, esencialmente mágica.

Era una dulce tarde de primavera y en el lugar del encuentro había un clima misterioso, perfumado de incienso y en penumbras. A través de las pesadas cortinas se filtraban algunos rayos del sol del ocaso y los ruidos de la calle desaparecían tras una suave música.

Estaba expectante... la perspectiva de conectarme con la tradición milenaria de la angelología me intrigaba.

Una vela blanca encendida determinaba el lugar reservado a Monseñor, aquel que presidiría el encuentro. La música sagrada resonaba en el lugar con una vibración elevada.

Nosotros, los discípulos, un pequeño grupo, nos encontrábamos en un estado de comunión, aguardando la llegada de Monseñor. El alquimista, el sacerdote, el angelólogo.

Nuevos conocimientos nos iban a

ser revelados en esa mágica tarde... la expectativa aumentaba. Cuando entró nuestro maestro, aproximándose lentamente al lugar para él reservado, el resplandor de sus ojos oscuros y penetrantes me traspasó con una mirada antigua y muy conocida, pura como un diamante y ardiente como el fuego.

Monseñor abrió el encuentro con una oración; su voz era intensa, cada palabra tenía poder.

Sentí una cálida sensación familiar; hacía tanto tiempo que me había olvidado de rezar. En poco tiempo descubriría que las viejas y conocidas oraciones son llaves mágicas y tienen una potencia inmensa.

Repentinamente experimenté aquella sensación de quedarme sin aliento; no podía ser, pero allí estaba; en la mano de Monseñor vi claramente el símbolo, el mismo que me había sido entregado por el sabio ancestral de la quinta generación; 5 sería el número llave para muchas revelaciones futuras.

Fue en ese instante que reapareció la magia en mi vida como realidad concreta y, como en el primer Cielo, la realidad comenzó a mostrarme su dimensión mágica y así se unieron los dos Cielos.

Las ciencias sagradas abren la puerta del tercer Cielo. El que contiene al primero, sagrado y misterioso, y el segundo, el de la búsqueda, mágico y apasionado.

Los secretos iniciáticos de los seminarios no son revelados en este libro porque respeto el compromiso asumido ante mi maestro, pero sus esencias perfuman este camino constantemente. Los nuevos conocimientos y experiencias reafirmaron la realidad de esa ayuda y protección absoluta, sentida cuando era niña en conexión con los ángeles.

Otras puertas se irán abriendo pero, con la visión deslumbrante del tercer Cielo, la nostalgia, tanto tiempo presente, desapareció dando lugar a una fe profunda y comprometida que no necesita de explicaciones lógicas y sólo se alimenta con amor.

Los ángeles, así como toda la Creación, están inmersos en la Ley del Amor, y su misión consiste en traernos ese Cielo —el que conocimos en la infancia— de Luz, Amor y Alegría a la Tierra.

En la vida espiritual somos aún niños, estamos dando los primeros pasos. Por eso, "jugando" es más fácil derribar las barreras de la seriedad y de la preocupación, que levantan muros muy altos y nos separan de los ángeles y del esplendor.

Les propongo jugar...
hablar con los ángeles...
escuchar sus consejos...
y prestar atención a sus señales.
Los mensajes contienen muchos secretos.

Entonces...

El primer Cielo es el de la infancia inocente y poderosa.

El segundo Cielo es el del conocimiento... es profundo y generador de cambios.

El tercer Cielo es el del misterio y lo sagrado... estremecedor y lleno de plenitud porque contiene los dos anteriores.

Encontrar el tercer Cielo es, al fin, recuperar la fe, la alegría y la confianza. Luego es posible, de la mano del ángel, avanzar más allá de lo lógico y de lo establecido, hasta donde están el esplendor, la magia y la fascinación de la vida. Vale la pena buscarlo.

Los tres caminos. Los tres Cielos

Existen tres caminos que están interrelacionados como los tres Cielos. El sentido profundo de cada uno de ellos es el mismo: la búsqueda de la unión con lo absoluto, o sea con Dios.

EL CAMINO DEL MÍSTICO

El místico busca la unión con Dios a través de la fe incondicional. Las emociones y los sentimientos son el canal que encuentra para lograr esta unión.

EL CAMINO DEL INVESTIGADOR

El investigador busca la unión con Dios a través del conocimiento. Él investiga cuáles son las leyes que operan para que esta unión se realice. La información acumulada, sin embargo, no es garantía de que se pueda acceder a la experiencia de la unión de manera personal.

EL CAMINO DEL MAGO ANGÉLICO

El mago angélico busca la unión con Dios aplicando el conocimiento a su acción y vida diarias. La fe incondicional es su guía.

El mago angélico procura la manera de unir su voluntad con la voluntad de Dios y sabe que ése es su verdadero poder.

¿Reconocen los tres caminos? En todos hay una sola búsqueda, la de dejar de estar solos, desamparados y apartados de la dimensión divina. La única búsqueda es la de la unidad con Dios, aunque parezcan tres caminos con diferentes objetivos, son uno solo.

En los tres intervienen los ángeles, pues su misión exclusiva es ayudar a los humanos a unirse con Dios en forma consciente y hacer llegar a la Tierra la energía del Cielo.

En el camino del místico, así como en la infancia, la comunicación con ellos es fácil, directa: sólo interviene el corazón.

En el camino del investigador los percibimos, pero no sabemos cómo comunicarnos con ellos. Aun así, nos guían y protegen.

En el camino del mago angélico volvemos a comunicarnos fácilmente con ellos, o sea: recuperamos la facultad perdida de la infancia y además los reconocemos como guías, amigos, ayudantes y consultores. Contamos con la presencia de los ángeles en forma consciente, como colaboradores, para realizar tareas conjuntas. Hay una sola condición que las leyes espirituales nos van a exigir para seguir el camino del mago angélico: reconocer, aceptar, rendirse ante la Luz y el Amor, o sea ante Dios, como único poder verdadero en lo emocional, en lo mental y en la acción concreta.

Es hora de reconocernos como hijos del Cielo.

Y saber que sólo podemos ser magos angélicos guiados por Su Amor, Su Luz y Su Esplendor.

Si nuestras intenciones no fueran transparentes, los secretos no serían develados, pues los ángeles retirarían su colaboración en forma inmediata y rápidamente aparecerían los falsos amigos, los ángeles de las tinieblas. Éstos no ponen condiciones para cumplir nuestros deseos... aparentemente. El gran y único precio exigido es perder nuestra libertad y nuestro libre albedrío.

Les propongo encontrar el tercer Cielo y transformarnos en magos angélicos, en personas intensas, llenas de valor, fe y alegría, conectadas a los ángeles, conectadas al Cielo.

Estoy viendo un resplandor especial en las miradas de aquellos que con su experiencia salieron en busca de este Cielo y de sus ángeles. Son inconfundibles, se los distingue inmediatamente.

Tienen un brillo profundo, una mirada de fuego, una alegría fresca, un halo misterioso... ¡Son magos angélicos!

Parte 2

El descenso del ángel

El descenso del Ángel

Recordemos situaciones en las que, repentinamente, nos recorrió un estremecimiento de alegría sin motivo.

Una cálida sensación reconfortante y calmante, una presencia cercana y protectora, una voz interior que nos aconsejaba tal o cual decisión. Con certeza, un ángel estaba cerca.

Sabemos por las tradiciones que los ángeles son mensajeros de Dios, que traen a nuestras vidas energías refrescantes, luz y poder del Cielo.

El Padre irradia su Luz a todo el Universo y los ángeles, sus mensajeros, tienen una misión de amor... asegurar la llegada de esa energía a cada una de las criaturas y en especial a nosotros, los humanos. Por eso cada ángel expresa una cualidad de Dios.

Los canales a través de los cuales ellos establecen

contacto son diferentes de aquellos utilizados por la mente racional.

La comunicación con ellos es sutil, dulce, envolvente, y tiene una característica: nos abre otra puerta, otra dimensión que nos inunda de Cielo.

Veamos los canales más frecuentes por los cuales ellos establecen contacto.

¿Cómo se comunican los ángeles con los humanos?

LA IMAGINACIÓN

En este campo el poder angélico es transmitido a través de imágenes puras, perfectas y llenas de esplendor, captadas por nuestros ojos internos, apartando aquellas que nos resultan groseras, turbias y perjudiciales.

El hecho de entrar en contacto con imágenes bellas y refinadas nos lleva inmediatamente a la dimensión angélica.

Las hermosas palabras que nos relatan imágenes llenas de esplendor, a través de la poesía o la prosa, también nos estimulan y refinan nuestra sensibilidad, abriendo el canal de contacto.

LOS SENTIMIENTOS

Los sentimientos son canales puros de comunicación. El ángel puede, con su presencia, despertar un sentimiento de grandeza, de esplendor, la sensación de elevarnos a otra dimensión.

El amor, la alegría, la ternura, el bienestar son frecuencias vibratorias donde siempre intervienen los ángeles por ser livianas y sutiles.

Los sentimientos puros son conexiones inmediatas y directas, un puente por donde puede descender el ángel.

LAS SENSACIONES

Las sensaciones son señales de descenso del ángel. Se puede percibir la presencia de un ángel como una sensación de alegría especial, como cuando escuchamos una música que nos deleita.

En toda experiencia de belleza profunda participa un ángel y su energía se siente, porque el ambiente tiene una vibración especial.

A veces podemos percibir un toque angélico... es un leve roce, una tenue caricia que podemos captar sólo por nuestros sentidos sutiles.

La mayor parte de los seres humanos siguen la inclinación de sus sentidos primarios, o sea: están a merced de las imágenes, las sensaciones y las pasiones de la masa, de la marea de sentimientos colectivos. Pero... ¡Cuidado!

La vibración sutil con la que nos conectemos va a depender de nuestra elección.

¿Elegimos al ángel o nos dejamos llevar por la marea de la hipnosis colectiva?

¿Optamos por la armonía o nos dejamos llevar por la negatividad predominante?

Instalar la belleza y la alegría por decisión consciente es atraer ángeles naturalmente.

LOS RITOS

Cualquier ceremonia religiosa convoca el descenso de cantidades de ángeles. En el rito católico se los convoca para participar con el sacerdote en el oficio de la misa, mediante palabras secretas y sagradas.

Los hebreos también llaman ritualmente a los ángeles, invocando su ayuda con antiguas fórmulas de la tradición.

El rito personal para convocar la presencia de los ángeles es la novena. A través de ella se efectúan pedidos al Cielo durante nueve días.

LA ORACIÓN

La oración es un llamado al Cielo y atrae la respuesta de los ángeles en forma inmediata.

Por lo tanto, para que la oración tenga poder son necesarios el mismo desprendimiento y la misma fe que observamos en los niños en el momento en que rezan. Con despreocupación e inocencia llenaremos nuestro mundo de ángeles sin darnos cuenta.

Las cartas de mensajes angélicos son una forma de llamado y también son canales de imaginación, sentimiento y sensación traducidos al lenguaje preferido de los ángeles... el juego.

Con el tiempo, al repetir las consultas y obtener las respuestas, instalamos en nuestras vidas una nueva dimensión: la de poder llamar a los ángeles para que nos transmitan su magia.

La consulta a las cartas nos inicia en la magia angélica, si el contacto con ellos es realizado con profundo respeto.

Es también una forma de oración, si pedimos con alegría la ayuda de los ángeles para que descienda un poco más de Cielo y de luz a nuestra vida. Siendo un juego oracular, enseguida nos instala en el tercer Cielo, o sea en un lugar totalmente mágico y místico.

CONCLUSIÓN

Percibimos entonces que el ángel no puede penetrar directamente en nuestra voluntad ni modificar nuestro razonamiento de manera arbitraria porque tenemos libre albedrío.

Jamás nos puede obligar a cambiar nuestra conducta; por otro lado, no podemos captar sus mensajes a través de deducciones lógicas porque el ángel no puede existir en la dimensión racional, objetiva y demostrable de la ciencia.

La dimensión del ángel es la de la magia y la de un agradable e inquietante misterio... imposible reducirlo sólo a vibraciones materiales y estáticas.

¿Cómo es la comunicación entre ángeles y humanos según la tradición?

Según mi investigación, en las tradiciones la comunicación entre ángeles y hombres siempre se manifiesta de dos maneras:

1. Los ángeles aparecen como visiones, y su presencia siempre significa un mensaje importante. Un ejemplo clásico es la aparición del Arcángel Gabriel anunciando a María su maternidad: estaba llegando el Hijo de Dios.

2. Aparecen en sueños, dando mensajes oportunos, concretos y referidos a la vida de quien los sueña.

En las tradiciones, la presencia de un ángel señala la resolución de un conflicto o la llegada de una nueva situación. Esta coincidencia habla del profundo conocimiento de la naturaleza humana que tienen los ángeles, así como de las dificultades que en el mundo material y concreto deben afrontar sus protegidos.

En otras palabras... el ángel canaliza energía divina para resolver los conflictos del mundo humano en forma concreta.

CONCLUSIÓN

El ángel en las tradiciones:

1. Resuelve con su intervención directa alguna situación en la que su protegido, el ser humano, está en dificultades.
2. Se manifiesta específicamente para comunicar un mensaje que siempre ilumina, clarifica, avisa y advierte algún cambio o señala el rumbo a seguir.
3. Se conecta a través de un estado de conciencia que no es habitual: sueños, visiones... o sea, a través de sentimientos, imaginación, sensación, oración o rito.

Éstos son canales que no pasan por la mente analítica, en ellos no puede intervenir la duda... son mágicos.

El juego oracular es un maravilloso canal de comunicación, pues en la elección del mensaje y del ángel sólo interviene un "sentir" que dice que en tal carta, y no en otra, está la respuesta.

¿Cuáles son la esencia y la función del ángel?

Entonces, el ángel:

1. No es humano.
2. Es perfecto, incorruptible e inmortal. Creado por Dios para ayudar al hombre.
3. Expresa una cualidad, esencia o virtud del Cielo y la irradia.
4. No "siente" la cualidad que canaliza. "Es" plenamente esa cualidad.
5. No tiene libre albedrío.
6. Es mensajero, conector, transmisor entre el Cielo y la Tierra.
7. Su función es iluminar, enseñar, mostrar otra dimensión —la celeste— aquí, en la Tierra.

8. Debe ser invocado para poder descender, o sea: invitado, como acto de fe, para poder actuar en colaboración.
9. Su misión es amar a Dios, a la vida en todas sus formas, y muy, pero muy especialmente, a los seres humanos.

La razón principal de su existencia es ocuparse del bienestar y la felicidad de nuestra especie, la humana, protegida por el Cielo y dotada de una condición única, el libre albedrío.

En esto los humanos nos diferenciamos de las otras criaturas de Dios; tenemos la capacidad de optar, dudar, elegir de acuerdo con nuestra propia responsabilidad y nuestro ejercicio de la voluntad.

Esto nos conecta con la noción de mérito, esfuerzo y trabajo para lograr nuestros triunfos.

Pero también nos conecta con la conciencia de poder aspirar a obtener ayuda y energía poderosa de una fuente superior —Dios— que nos da la gracia, la belleza del Cielo.

La posibilidad de elegir bien es la llave que abre la puerta a una nueva forma de vida.

¿Qué haremos? ¿Aceptaremos la ayuda del Cielo con la fe de un niño? ¿O elegiremos el escepticis-

mo y la soledad, negando la posibilidad mágica en nuestra vida? Ésta es la elección profunda.

Ahora, más que nunca, los ángeles están atentos, expectantes para acercarse a nosotros, los humanos. Ellos saben que éste es el tiempo para vivir espiritualmente, el tiempo anunciado por las profecías.

Sólo hay una condición básica: es imprescindible creer en su existencia, o por lo menos en su ayuda; de lo contrario, como todo lo que está sujeto a las leyes mágicas, sutiles, de nuestra dimensión terrestre, no pueden manifestarse.

¿Acaso puede la abundancia, el amor o el éxito venir a nuestra vida si no creemos que esto es posible?

Esta misma ley mágica rige la llegada de los ángeles. Antiguamente todos creían en ellos y los tenían muy cerca; al triunfar el pensamiento racional como única verdad, los ángeles dejaron de hablar, pero no de estar cerca de los humanos.

Los niños se relacionan muy fácilmente con los ángeles, con las hadas, con los duendes, porque desde su corazón creen en su existencia.

Ellos saben que la duda ofende profundamente a los seres sutiles y los hiere, silenciándolos.

En los tiempos que corren muchos de nosotros nos "desencantamos" de la vida, no recordamos que la Tierra es un lugar asombroso y terminamos viviendo una existencia aburrida.

No soñamos tanto y a veces nos olvidamos de celebrar la vida y sus maravillas.

Creemos que estamos solos y desamparados, ya casi no levantamos los ojos al Cielo para elevar un pedido y caminamos concentrados, mirando al piso con el ceño fruncido, muy asustados por el futuro y preocupados por el presente.

Basta descubrir el tercer Cielo para vivir en una sorpresa constante, elegir el esplendor y la gracia, la fe y la alegría, la magia y el encanto, sin dejar de ser personas eficientes, racionales e inteligentes.

Y les aseguro que vale la pena, porque entonces los ángeles se instalan nuevamente a nuestro lado y participan en nuestra vida concreta transformándonos en magos.

Resumiendo, el ángel es:

- Mensajero
- Auxiliador y salvador
- Instructor
- Portador de luz
- Transmisor de gracia

Es importante decir todavía que los ángeles nos dan energía con el batir de sus alas, el susurro de sus voces y el revoloteo a nuestro alrededor, aunque no los veamos.

Son una conexión sensorial, telepática... una energía que nos envuelve y eleva.

Nos alegran y nos vitalizan, nos calman y sostienen con mensajes de apoyo y protección día a día, y siempre introducen un aspecto creativo y nuevo para transmutar cualquier situación.

- La principal función del ángel es traer Cielo a la Tierra.
- La principal característica de lo que llamamos Cielo es su liviandad.
- Aligerar, aliviar, elevar, ésas son las funciones del ángel.

  ¡Hay que aprender a ser livianos como ellos!

La alegría y el humor son sus señales inconfundibles y su forma de comunicarse. El lenguaje angélico siempre habla de levantar vuelo, vencer la gravedad, o sea todo peso que nos aplaste e inmovilice.

El camino espiritual verdadero tiene como característica la alegría profunda, y los ángeles en particular son exponentes de la alegría de vivir en la gran fiesta, el gran juego del Cielo en la Tierra, donde los humanos somos los invitados principales, especiales y muy importantes. Y donde siempre gana Dios.

¿Quiénes son los ángeles según las tradiciones de Oriente y Occidente?

Tanto en Oriente como en Occidente las tradiciones hablan de una energía, una esencia, un ser que participa del reino sagrado, absoluto, espiritual y trascendente, así como del mundo profano, terrestre y dual del tiempo y del espacio: el ángel.

Para los occidentales es una prolongación de la energía suprema que penetra hasta las densidades de la Tierra y trae un mensaje de luz y perfección.

Para los orientales esta función puede ser cumplida por otros seres, además de los ángeles, seres que son reencarnaciones de sabios sagrados o de deidades.

En nuestra tradición occidental el ángel es un arquetipo profundamente arraigado en el inconsciente colectivo, porque el contacto con el Cielo se realiza a través de la oración, mensaje verbal elevado al Creador.

El ángel es el encargado de elevar la oración, o sea el pedido, hasta Dios, y también de regresar con un mensaje o un don como respuesta.

En cambio, en la tradición oriental el Cielo se percibe a través de la meditación, disolviéndonos en el todo.

Según la tradición hebrea, adoptada luego por el cristianismo, el Universo es una jerarquía que parte de un punto central elevado y pleno: Dios, que en forma circular y concéntrica se expande hasta el infinito a través de los ángeles organizados en nueve Coros.

Los ángeles se agrupan en jerarquías o vibraciones, partiendo de ese punto central. Se denominan Coros porque sus voces cantan alabanzas a la Creación componiendo "la música de las esferas", también mencionada por los herméticos como vibración básica del Universo.

Las jerarquías se disponen entonces en nueve Coros, que son los siguientes:

1. Serafines, Querubines y Tronos.
2. Dominaciones, Virtudes y Potestades.
3. Principados, Arcángeles y Ángeles.

Están colocados en tres niveles descendentes. Cada nivel tiene tres filas u órdenes. La tríada más elevada está formada por Serafines, Querubines y Tronos, que reciben la iluminación de Dios en forma directa.

La tríada siguiente, que gira en torno de Dios, la componen las Dominaciones, Virtudes y Potestades, que reciben la iluminación y la transmiten hacia la tríada inferior, los Principados, Arcángeles y Ángeles.

En realidad ésta es una descripción sintética del proceso de materialización de la energía divina... lo Superior aquí se entiende no como mejor sino como más sutil.

Dicen las tradiciones que en el centro hay energía pura, que ésta va modificando su vibración y que desde el estado de luz pasa al de calor y finalmente se condensa en materia.

Los ángeles acompañan con sus formas y sustancias este proceso encadenado en una total comunión con lo Absoluto, donde la conexión con el origen o Dios se manifiesta como un hilo de luz continua expresándose en distintas formas.

Éste es el concepto por el cual el ángel es mensajero o transmisor de luz desde el Punto Central o Dios, y un canal puro y directo de su energía.

La primera tríada —Serafines, Querubines y Tronos— vibra en frecuencias muy elevadas de pureza y luz; estos Coros pertenecen a la Égida del Padre. El Serafín tiene vibración altísima, el Querubín disminuye un poco su frecuencia, y es a partir de los Tronos donde aparece la materia en la composición sutil de los ángeles. De todos modos, todo ángel puede revestirse de materia cuando penetra hasta la dimensión terrestre; tiene esta facultad.

La segunda tríada —Dominaciones, Virtudes y Potestades— corresponde a la Égida del Hijo; la tercera tríada —Principados, Arcángeles y Ángeles— pertenece a la Égida del Espíritu Santo.

La tercera tríada, última orden de la jerarquía del Cielo, es la que se encuentra más próxima a la especie humana en vibraciones y afinidades; la más conocida por la cultura popular es la orden de los ángeles de la guarda.

Según las crónicas de Enoc, patriarca hebreo, declaradas apócrifas por la Iglesia oficial, se menciona que la cantidad de ángeles detectados en la Edad Media era de 301.605.722. En el siglo XIII se dio el apogeo de la fiebre angélica; en esa época se consideraba que había un ángel para cada necesidad humana.

La denominación de Coros angélicos, donde los ángeles giran en una esfera sin fin alrededor de un punto central, es una alegoría que representa la canción y el orden de la Creación.

La vibración primordial del amor puro es la que da origen a la vida. Ésta es la resonancia representada por las voces angélicas cantando al unísono, celebrando la Creación.

En cuanto a las formas, los Serafines, por ejemplo, que están en comunión directa con Dios, son representados como seres do-

tados de seis alas: con dos se cubren el rostro, dos cubren sus pies y dos son utilizadas para volar. Esta forma simboliza la necesidad de cubrir sus ojos y su rostro, además del cuerpo, de la altísima radiación emitida por la suprema energía creadora, Dios.

Es importante recordar que los ángeles son seres del elemento fuego, emanaciones puras de ese Punto Central. Y su irradiación está, por así decirlo, "rebajada" en relación con ese Centro para poder penetrar hasta lo más material y más denso del Universo.

Según los testimonios de las Sagradas Escrituras, ver un ángel provoca un gran estremecimiento debido al resplandor que emite. Por esto su forma de aparición se da en general a través de los sueños y la imaginación. La materialización de un ángel no es un canal muy frecuente por el impacto que puede producirnos; en cosecuencia, no es aconsejable buscarla como fin en sí mismo.

¿QUIÉNES SON LOS HABITANTES DE ESTOS COROS Y QUÉ MANIFIESTAN?

LOS SERAFINES

Manifiestan la gloria de Dios expresándola en pura luz que se propaga como principio de vida a todo el Universo. Purifican e iluminan todo lo que está cerca, por eso son los custodios de los lugares sagrados. Se los representa con tres pares de alas, con las que se cubren el rostro y el cuerpo para protegerse del intenso resplandor que emite Dios.

LOS QUERUBINES

Manifiestan la sabiduría de Dios y son responsables del ordenamiento del caos universal. Son los guardianes del conocimiento supremo y difunden la Ley del Amor, la sabiduría de Dios. Son los portadores del don de la alegría y se los representa como bebés alados.

LOS TRONOS

Manifiestan la unión con Dios, son llamados Tronos por ser los ángeles que según las tradiciones "sostienen" a Dios, son su trono en el Universo. Se los representa como seres inmensos de alas circulares iluminadas con los colores del arco iris. Son los portadores del don de la perseverancia.

LAS DOMINACIONES

Los ángeles de las Dominaciones manifiestan la soberanía de Dios y se los representa por eso con cetro y espada, símbolos del Poder divino sobre toda la Creación.

Despiertan en el hombre la fuerza para vencer a sus enemigos interiores, estableciendo la supremacía de Dios sobre todas las oscuridades.

Siendo las enfermedades manifestaciones de estos enemigos interiores, son las Dominaciones, ángeles curadores, quienes nos pueden ayudar a vencerlas.

LAS VIRTUDES

Estos ángeles manifiestan la voluntad de Dios, y son representados en forma clásica como bebés con alas y sin cuerpo. Esto simboliza la rapidez con que la voluntad de Dios llega hasta los confines del Universo. Son responsables de los milagros, una de las formas con que el ser humano experimenta la intervención directa de la energía divina en su vida, solucionando mágicamente un problema o trayendo un don, un regalo inesperado.

LAS POTESTADES

Los ángeles de este Coro manifiestan el poder de Dios, o sea la fuerza de la luz. Son los responsables de restablecer el orden en todo su reino eliminando el mal. Protegen a la humanidad de todos los enemigos exteriores e interiores; por esto son llamados los ejércitos de Dios.

Son representados con cascos, armaduras y espadas llameantes. Son ángeles protectores y guerreros.

LOS PRINCIPADOS

Manifiestan el dominio de Dios sobre la naturaleza y su principal misión es ocuparse de la armonía entre los cuatro elementos —agua, aire, tierra y fuego—. Dentro del orden natural, son responsables del reino vegetal. Se los representa con cetros y cruces y son los portadores del don del equilibrio.

LOS ARCÁNGELES

Manifiestan el liderazgo de Dios y son los que comandan las legiones de ángeles, quienes responden a su autoridad. También comandan a los espíritus planetarios, y son responsables asimismo del reino animal. Se los representa como seres bellísimos y majestuosos y son los que transmiten en forma directa a los hombres los anuncios de Dios.

LOS ÁNGELES

Manifiestan la protección de Dios hacia todas sus criaturas. Dentro de este Coro están los ángeles de la guarda, quienes se ocupan de la evolución espiritual y la protección ante todos los peligros que amenazan a los seres humanos, custodiándolos permanentemente.

Cada ser humano, al nacer, es "soldado" —unido— a un ángel de la guarda que lo acompañará a lo largo de todo su tránsito por este mundo, manifestándole a cada paso la existencia de la protección divina en su vida.

¿QUIÉNES SON LOS 72 ÁNGELES SIRVIENTES DE LOS CABALISTAS?

Un conocimiento que hasta el siglo XIX estaba sólo restringido a los círculos esotéricos secretos revela que existen, según las tradiciones de la Cábala hebrea, 72 atributos o cualidades que rodean a Dios y que están a disposición de los hombres para atender sus necesidades. Son los 72 ángeles o genios.

Cada uno tiene un nombre ritual, debe ser invocado en estrictos horarios planetarios y se relaciona con una energía zodiacal determinada. A cada genio se le atribuye además una invocación particular, que es un salmo del Antiguo Testamento, haciéndose presente en forma inmediata ante este llamado.

Cada ser humano, de acuerdo con su día de nacimiento, tiene asignado por afinidad energética un ángel para su protección, guía y ayuda.

Si tú naciste, por ejemplo, el 5 de enero, tu genio es el número 57. Nemamiah abarca desde los 57 grados hasta los 63 grados del Zodíaco y corresponde al signo de Capricornio. Sus atributos son la fuerza y la lucidez en la estrategia de la vida. Este genio otorga a sus protegidos y a todos los que lo invoquen la capacidad de tener energía en todo lo que emprendan y fuerza para vencer todas las dificultades que se presenten en su camino, otorgándoles el poder interno necesario para este fin.

Los que son protegidos por Él pueden invocar su presencia en cualquier momento simplemente pronunciando su nombre; los que no, pueden convocarlo durante el día sólo entre las 18:40 y las 19.

En esta aproximación a los ángeles interviene, además de la invocación ritual para poder convocarlos a determinadas horas a través de su nombre sagrado, la organización de sus huestes por energías del Zodíaco que los diferencia e individualiza.

Cada ángel tiene una misión que cumplir relacionada con el elemento que representa —agua, aire, tierra y fuego— y con el signo donde está encuadrado como vibración sutil.

Trae una energía particular que está a disposición del que lo invoca y, al conectarla con la dimensión terrestre, esta energía potencial se transforma en fuerza concreta o poder.

CONCLUSIÓN

De la breve explicación de las diversas jerarquías y funciones de los ángeles desde la Antigüedad queda claro que:

1. Tienen funciones específicas en la Tierra en relación con los humanos.
2. Transmiten energías diferenciadas y poderosas.
3. Son una emanación directa de la Energía Central o Dios.
4. Cumplen su función y justifican su existencia cuando llegan a destino. O sea, se conectan con el ser humano, entre otras criaturas, transmitiendo la luz y el poder del Cielo.
5. El nombre de cada ángel contiene su poder y es el canal para invocarlo.

6. Tienen forma y sustancia porque, si bien están en conexión directa con Dios, con la "unidad", descienden hacia la "multiplicidad", hacia la materia.
7. El ángel y el hombre cumplen cada uno con su papel cósmico asignado. El ángel como transmisor de energía divina, como mensajero, y el ser humano como cocreador de nuevas formas en la materia, ya sean mentales, psíquicas o físicas.

Entonces el círculo de comunicación entre el Cielo y sus criaturas se completa... Y así, la luz llega hasta la materia.

¿Cuál es la forma del ángel?

La más intensa comunicación con los ángeles se produjo durante los siglos XII y XIII. Los ángeles estaban presentes en cada uno de los temas del momento, gobernaban los planetas, las cuatro estaciones, las horas del día y de la noche. Había un ángel para cada tema humano. La astrología era una ciencia sagrada conocida por unos pocos iniciados y en ella los ángeles tenían intervención directa, como vimos en la descripción de los misteriosos 72 ángeles de la Cábala.

Desde el Segundo Concilio de Nicea, en el año 787, se popularizó por decreto la legitimidad de representar a los ángeles en cuadros y esculturas. Desde ese momento los artistas tuvieron en sus manos la responsabilidad y la libertad total de expresar la forma angélica, decisión que alteró toda la evolución de la imaginería cristiana y del arte sacro en general.

En el Renacimiento, junto con un cambio total de la perspectiva del hombre en el Universo, los ángeles comenzaron a ser representados ya no tan etéreos y sutiles, sino más concretos y materiales, casi terrenales. En la concepción renacentista, el Cielo estaba muy cerca de la Tierra y los artistas intuitivamente adecuaban las imágenes a las formas necesarias de representación, de acuerdo con las necesidades y vivencias de aquellos tiempos.

Los ángeles estaban en la Tierra y muy cerca de los hombres. La imaginación, el sentimiento y la sensación son, dijimos, los canales de comunicación angélica y esto es reflejado en las formas visualizadas por los artistas, adelantados siempre a su época y sensitivos como antenas a los mensajes angélicos. Y, debemos decirlo también, a las energías demoníacas, como es posible observar en las obras de aquella época, donde la representación de las fuerzas de las tinieblas era francamente aterradora.

El ángel es siempre representado como un ser sobrenatural y místico, con un halo dorado rodeando su cabeza, lo que

simboliza su conexión constante con el Cielo. Con alas que indican su capacidad de liviandad y traslado instantáneo, y rodeado de luz, que es la morada y el medio natural de estos seres.

Luego de una época de olvido en que la razón pura y el materialismo fueron alejando la comunicación con los ángeles, ahora regresan con toda la fuerza y la potencia de los siglos y de las tradiciones.

Experiencias vividas

Veremos ahora dos experiencias históricas diferentes sobre este tema; una es la de Santa Teresa de Ávila y la otra es la de Santo Tomás de Aquino.

Santa Teresa describe una experiencia apasionada y llena de éxtasis en el encuentro con un ángel.

"Plugo al Señor que tuviese a veces la siguiente visión. Que viese junto a mí sobre mi mano izquierda un ángel en forma corpórea. Es un tipo de visión que no suelo tener salvo muy raramente. Aunque a menudo veo representaciones de ángeles, mis visiones son del tipo que mencioné antes.

"Plugo al Señor que viese a ese ángel del siguiente

modo: no era alto sino de baja estatura y muy bello, su rostro tan inflamado que parecía pertenecer a la categoría más elevada de ángeles, de los que parecen estar ardiendo.

"Debe ser uno de aquellos llamados Querubines, no me dijo su nombre, pero bien me di cuenta de que existe una gran diferencia entre unos ángeles y otros que posiblemente no puedo explicar."

Santo Tomás de Aquino, llamado doctor angélico, realiza asombrosas investigaciones sobre la sustancia y forma de los ángeles.

Así Santo Tomás, en la Cuestión L —que se titula "El ángel en sí"—, en el tomo III de las Criaturas de la Parte I de la *Suma teológica*, se pregunta "acerca de si el ángel es todo incorpóreo, si tiene materia y forma, acerca de su multitud, de la diferencia entre ellos, de su inmortalidad y de su incorruptibilidad".

La respuesta del doctor angélico es que está compuesto de materia y forma, que son de distinta especie según la cualidad que representan, y que son incorruptibles e inmortales.

Interpretando a Santo Tomás, decimos que la sustancia angélica es densa a los ojos de Dios y etérea a los ojos de los hombres.

Esto sitúa al ángel en esa zona intermedia respecto de lo que nosotros, los humanos, entendemos por materia y forma.

Pero existen una materia y una forma angélicas, que no son espíritu puro ni forma pura ni idea pura, aunque hay diversas versiones respecto de su desplazamiento. Así lo investiga Santo Tomás en la Cuestión LI, respecto de la forma que toman sus cuerpos y si los ángeles pueden ejercer funciones vitales en los cuerpos asumidos.

CONCLUSIÓN

Éstas son dos aproximaciones diferentes al mismo tema. Una, la de Santa Teresa, es la experiencia directa que nos transmite pasión y emoción en el encuentro con el ángel y una profunda sensación de amor.

La otra, la de Santo Tomás, es una aproximación intelectual en forma de un tratado teórico de investigación del tema angélico y nos aporta datos "concretos" sobre su existencia. Estas antiguas indagaciones demuestran lo ancestral del tema.

La búsqueda del ángel es muy, muy antigua, tanto como el ansia de encontrar y disfrutar el tercer Cielo.

Mi experiencia personal de contacto con el reino angélico, sentida en los tres Cielos, comienza siempre con una sensación interna y muy intensa de plenitud y amor.

La sensación física de proximidad, cuando se acerca un ángel, enciende un intenso fuego interior percibido en forma de un dulce calor en el centro cardíaco.

Ésta es la primera señal, seguida de una sensación de expansión e irradiación de esa fuerza desde el interior hacia el exterior. No es necesario ni tiene importancia alguna verlo en el exterior, aunque es posible. El ángel se manifiesta visualmente con forma antropomórfica en la imagen de un ser perfecto, espléndido y de una belleza absolutamente pura. También aparece en forma de luz o de perfume. Cuando predomina el canal sensorial, se puede sentir un leve roce de sus alas o sus cabellos, o su manto envolviéndonos para protegernos, reconfortarnos o simplemente hacernos sentir su presencia y la transmisión de su energía.

Cultivando nuestra sensibilidad a la belleza es fácil y natural captar su presencia. El contacto frecuente con la belleza desarrolla los ojos sutiles, el tacto sutil y el oído sutil. Son sentidos que se están formando y son incipientes. La manera de ampliarlos es conectarnos con la música, los ambientes agradables y armónicos y todas las formas de las artes visuales cuyo concepto sea evolutivo.

Cuando la vibración es afín, el ángel desciende hasta nuestro corazón y allí hace un nido; ése es su seguro "punto de llegada".

Su amor hacia los seres humanos es tan intenso que

es casi imposible —y todos lo podemos lograr— no percibir esa sensación interna de calor y bienestar cuando se acerca un ángel; la irradiación del amor es poderosa.

La otra vía de contacto es la sincronicidad, el encadenamiento "casual" de hechos que vienen en nuestra ayuda. Allí es muy evidente la intervención de los ángeles: sólo debemos aprender a observarlo.

La tercera manifestación es la de las señales dejadas por ellos. Éstas son: pistas, indicios, personas y, a veces, objetos que los ángeles ponen en nuestro camino a fin de conducirnos hacia lo que es mejor para nuestra evolución.

Las cartas de mensajes angélicos son señales dejadas por ellos en forma de un oráculo claro y comprensible.

Yo les propongo seguirlas; los ángeles son guías expertos. En los momentos en que se presenta una encrucijada, seguir la señal de un ángel conduce al camino verdadero y al lugar seguro. Las señales de los ángeles iluminan claramente el camino a elegir; sin embargo, la decisión es totalmente nuestra. ¿Avanzar pesadamente arrastrando los viejos ogros junto con nosotros? ¿O volar suavemente al ritmo de los vientos angélicos?

Parte 3

Los mensajes

Los mensajes

El uso de juegos que sintonizan con mensajes de luz ha circulado siempre en los ambientes de tradición esotérica en forma de oráculos, como el tarot, el *I Ching*, las runas.

Estoy convencida de que sacarlos a la luz simplificada y precisa de un mensaje otorgado por un ángel, que desciende en el momento oportuno y no requiere ninguna interpretación adicional, es una posibilidad que ayudaría a calmar las penas del mundo, dando alegría y protección.

Necesitamos una ayuda rápida, una intervención directa del Cielo

Los ángeles están aquí como salvadores instantáneos. En esta época no hay tiempo para procesos lentos y complicados. Ellos nos guían, apartándonos de las tinieblas en forma inmediata.

Son los mejores psicólogos porque ayudan a descubrir las trabas y los bloqueos.

Los mejores médicos porque curan nuestros corazones heridos.

Los mejores videntes porque, enseñándonos a modificar el presente, nos aseguran un futuro de luz.

Y sobre todo... los mejores amigos porque están siempre cuando los necesitamos, en el momento preciso.

El camino del corazón

El primer paso para conectarnos con los ángeles es aceptar incondicionalmente nuestra vida actual, tal como es con su belleza y su fealdad, su grandeza y su mezquindad. Ése es nuestro punto de partida para poder modificarla.

Vivimos en la polaridad; aceptarlo es profundamente sabio y curativo.

Cada vez que sintamos la presión de emociones contrapuestas, de deseos contradictorios, o sea de dragones y de hadas, llamemos a un ángel.

El ángel no está en la polaridad, está en una dimensión que la trasciende, está en la armonía, en la unidad.

Él nos está esperando con su mano extendida para sacarnos de la dualidad hacia una vida creativa, nueva, fresca y libre.

El ángel nos ayuda a sacar la energía del conflicto y encauzarla en una nueva dirección. Mas no siempre es el mismo ángel quien resuelve la polaridad; la vida cambia y arma escenarios, como un caleidoscopio donde se van modificando los dibujos y creando nuevos desafíos. Tenemos un ángel para afrontar cada uno de ellos.

Los ángeles son seres sin ambivalencia, fuego puro. ¡Podemos elevarnos a su Cielo para tomar energía fresca, nueva, vital, y traer esos aires renovados a nuestra vida cotidiana!

Con su ayuda vamos bajando cada vez más Cielo a la Tierra. Éste es el secreto de reconstruir el Paraíso.

La presencia del ángel ilumina con su luz aquellas aterradoras cavernas, las de nuestra infancia, llenas de ogros y monstruos, que según la psicología son llamados el inconsciente, y según la tradición de las ciencias sagradas, los demonios.

El ángel sabe cómo poner

luz en nuestras oscuras cavernas, no estamos solos, "alguien" nos acompaña, nos saca del desamparo y ahuyenta el miedo.

Desciende suavemente hasta lo más profundo y secreto de nuestras vidas y desde allí cura, renueva, ilumina y transmuta la sombra en luz.

Construyamos un espacio interno de fe y confianza, un tibio nido en nuestro corazón, como cuando éramos niños, y dejemos que él haga el resto.

Al comunicarnos continuamente con ellos recuperamos la fe y entonces por fin volvemos a confiar en nosotros mismos. Esto nos da una profunda alegría, que nos transforma en personas valientes, en guerreros.

Cuando somos valientes nos atrevemos a jugarnos por nuestros sueños y así nos decidimos a vivir la vida que sentimos auténtica desde nuestro corazón y no la que nos dicta nuestra mente.

Nuestros sueños están siempre guiados por el corazón; esta fuerza llevada a la acción es la que cambia toda nuestra vida, y no hay nada más real y concreto para los ángeles que los sueños de los humanos.

¿Los ángeles pueden predecir?

Los ángeles pueden predecir el futuro pero no de la forma como aparece a veces interpretado en las adivinaciones tradicionales, porque éste es obra de Dios, pero también es obra de los hombres por su posibilidad de elegir.

Esta armonía entre el plan correcto y escondido de Dios y el plan conocido pero confuso de los hombres siempre fue obra de los ángeles; ellos son los que conectan estas dos dimensiones en el presente exacto, o sea cuando hay que decidir y actuar.

El futuro se construye ladrillo por ladrillo con las decisiones tomadas en el instante preciso de una encrucijada, y allí están ellos para ayudarnos a seguir el plan correcto y escondido, dándonos la alternativa justa.

A partir de este enfoque ellos predicen el futuro porque, si con un golpe de timón nos alineamos con el rumbo de la luz, el lugar al cual llegaremos... será también luminoso.

De los ángeles entonces vamos a recibir:

- Mensajes
- Luz
- Gracia

- Ayuda concreta
- Instrucción
- Guía
- Liviandad

¿Cómo nos comunicamos con ellos?

Los juegos adivinatorios, por tradición, ofrecen un sistema de señales que nos informa en qué situación nos encontramos, dándonos una respuesta, guía y resolución posible para cada caso.

En este juego es el ángel elegido por nosotros quien desciende sutilmente a través de las cartas para darnos la información orientadora.

El texto de estas cartas viene de una zona mágica y profunda, de sueños recordados y de susurros oídos durante secretos y muy antiguos ritos de convocatoria. En esa zona misteriosa, a la que es posible entrar también a través de las oraciones, se escuchan voces muy puras, se perciben roces de alas y, muchas veces, se ven ángeles.

El oráculo angélico que ustedes ahora conocerán capta 52 mensajes o señales que se corresponden de diversas maneras con 52 ángeles.

Cada mensaje es un poco de Cielo que quiere descender a la Tierra. Y son las alas angélicas las que guían nuestras manos para elegirlos.

Por eso, cuando se barajan las cartas y éstas se cargan con nuestra energía, se tiende un puente entre la dimensión del ángel y la nuestra. Y ese puente nos conduce también hacia nuestro interior.

Allí están todos los secretos, pues los Cielos externos son reflejos de los internos.

¿Por qué los ángeles son salvadores instantáneos?

Porque nos ayudan a movernos en este mundo vertiginoso y complicado y se los puede consultar de varias maneras para aclarar dudas, tomar una decisión o comprender una situación confusa. También mediante este juego fácil, simple y directo. Llegan a través de estas cartas para abrir un nuevo canal de comunicación, además del ritual y la oración, que son poderosísimos.

Los mensajes angélicos son una alternativa para obtener una orientación rápida y precisa. Una comunicación directa de la solución a lo que más nos preocupa.

Y nos salvan en forma instantánea de la desorientación, nuestro mayor mal en estos días, y quizás, en consecuencia, de una acción que podría haber sido equivocada.

¿Cómo usar el Botiquín de Primeros Auxilios Angélicos?

Cuando necesitamos calmar rápidamente una herida emocional, aceptar el consejo de los ángeles dejando que nos envuelvan en su luz es curativo. Cuando hay mucha tristeza, mala onda o interferencias, sacar un ángel y ponerlo delante de nosotros para que nos proteja o dentro nuestro para que nos cure... es desinfectante.

Cuando tenemos "dolor de cabeza psíquico" por presiones, dudas y preocupaciones cotidianas, consultar a los ángeles es calmante y nos distiende al instante. Cuando alguien está herido emocionalmente, enojado o agresivo, podemos ayudarlo sacando un mensaje y un ángel para saber qué energía necesita, y después enviársela mentalmente para curarlo. Ésta es la mejor conducta a seguir: es terapéutica.

En la página 139 encontrarás un completísimo Botiquín de Primeros Auxilios Angélicos para el siglo XXI. Sus tratamientos son infalibles. Sus resultados, inmediatos.

¿Qué efecto produce el contacto con los ángeles?

El contacto con los ángeles en forma habitual va creando a nuestro alrededor un halo sutil, luminoso, de buena energía que se vuelve perceptible para los que nos rodean.

La apertura, sensibilidad y alegría con que conversemos con ellos nos darán luz y magnetismo... Y éstas son precisamente cualidades angélicas.

Veamos en detalle cómo es su descenso

EL NOMBRE

El nombre es siempre una vibración que contiene y trae a esta dimensión la fuerza y la energía de quien es nombrado. Éste es el poder del verbo, el poder mágico que tiene la palabra.

Y por este principio sagrado los ángeles tienen nombres rituales, nombres de poder. En algunas tradiciones, como la Cábala, antiguamente éstos eran secretos.

En la tradición cristiana los nombres de los arcángeles no tienen carácter ritual ni oculto, pero tienen poder.

Los cuatro arcángeles principales son Miguel, Gabriel, Rafael y Uriel.

La terminación *el* los identifica como mensajeros y enviados de Dios. Y significa:

Migu-el: "El que es como Dios"
Gabri-el: "El gobernador del Edén"
Rafa-el: "El resplandor que cura"
Uri-el: "El fuego de Dios" o "El rostro de Dios"

Siendo los ángeles esencias y virtudes, dones y poderes, cuando se invoca un ángel determinado, una fuerza pura calificada por una virtud (por ejemplo, amor), desciende hacia nosotros envolviéndonos con su luz.

A la inversa, el nombrar fuerzas de las tinieblas atrae de la misma manera sus poderes destructivos sobre nosotros. Es por esto que invocar un ángel inmediatamente nos da luz, disipando la oscuridad que pudiera rodearnos e impedirnos ver con claridad lo que nos pasa.

Al mismo tiempo su descenso potencia nuestra propia luminosidad y la revela, aunque esté oculta por una situación negativa.

Si repetimos varias veces, concentrándonos, el nombre del ángel, recibiremos su energía con toda intensidad. Porque estaremos "sellados" dentro de su luz y completamente bajo su protección al nombrarlo intensamente.

Éste es el principio de los mantras orientales, que repiten cientos de veces una misma palabra u oración sagrada para conectarse con la fuerza divina que ella contiene.

Éste es también el principio de la oración; por ejemplo, al rezar el rosario no se trata sólo de aquietar la mente... también se abre una puerta para que penetre lo sagrado y nos impregne con su luz. Las oraciones de la tradición —Padre Nuestro, Ave María— están formuladas y ordenadas ritualmente... por eso están formadas por palabras de poder y tienen carácter sagrado. Igual que los Salmos hebreos.

SECUENCIA DEL DESCENSO

Los 52 ángeles del juego transmiten esencias puras, poderes y dones que el Cielo irradia en forma continua para todo el Universo, para alimentarnos con belleza y perfección. Esta irradiación es captada en forma de luz en la esfera más próxima a Dios, la de los Serafines, y se va expandiendo suavemente a los Coros siguientes.

La vibración divina, purísima y de altísima frecuencia, va penetrando en los niveles más densos en forma de dones y poderes concretos que se materializan en nuestra dimensión humana.

Y son los ángeles de los diferentes Coros quienes se encargan de transmitir estas corrientes de energía poderosa hasta los confines del Universo, hasta los lugares aparentemente más alejados de Dios.

Cuando aparece una carta determinada, el ángel nombrado vibra a través de ella y por este canal —su nombre— desciende la fuerza de luz.

En las cartas de mensajes angélicos los nombres de los ángeles no tienen carácter ritual como el de los genios de la Cábala. Por eso se los puede invocar libremente para que nos transmitan su esencia luminosa en todo momento.

¿QUIÉNES SON LOS 52 ÁNGELES DEL JUEGO?

Los 52 ángeles transmiten a través de sus nombres una energía que puede darnos impulso para actuar, ser calmante y armonizadora, darnos fuerza para concretar o despertarnos. Y siempre recordarnos que los dones del Cielo están disponibles para nosotros en cuanto los necesitemos.

Los cuatro grupos de ángeles canalizan la esencia de los cuatro elementos: fuego sutil, aire sutil, agua sutil y tierra sutil, y responden a las órdenes de los cuatro arcángeles que los comandan: Miguel, Rafael, Gabriel y Uriel.

Siendo ellos criaturas de fuego, altísimo poder, pueden descender a través de los canales básicos de los que está compuesto todo el Universo —fuego, aire, agua y tierra—, expresando la esencia sutil y elevada de cada elemento, pero manteniendo su naturaleza angélica primordial, que es de fuego. Y el fuego es puro espíritu.

Estas mismas esencias son plasmadas en niveles materiales por los espíritus elementales: las salamandras, los silfos, las ondinas y los duendes, quienes les dan forma. Los ángeles nos transmiten la esencia y el poder sutil de los cuatro elementos que componen todo el cosmos y que en nuestro campo energético tienen estas correspondencias:

Al nivel espiritual o energético: fuego
Al nivel mental o de inspiración: aire
Al nivel emocional o sentimental: agua
Al nivel físico o concreto: tierra

QUINTO GRUPO: LOS ARCÁNGELES

Corresponden a un quinto elemento llamado la quinta esencia, que contiene los cuatro elementos básicos.

Los Arcángeles nos envían una carga energética de luz y poder fuertísimo seguramente en el momento en que más la estamos necesitando.

La presencia de los Arcángeles siempre indica una ayuda fuerte que desciende en un momento

justo. En este caso es bueno meditar profundamente en el mensaje: allí hay una clave conectada a lo que estás o estarás viviendo. ¡Presta atención, se trata de una señal!

Los cinco grupos de ángeles son:

ÁNGELES DE FUEGO (COLOR: ROJO)

Si en respuesta a tu pregunta desciende un ángel de fuego, ¡llegó el tiempo de ponerse en movimiento!

La acción es la clave del elemento fuego. Puede ser una acción orientada hacia el exterior o dirigida hacia tu interior, reanimando la llama de tu propio fuego, a veces un tanto ahogada por las circunstancias.

Veamos qué fuegos encienden estos ángeles cuando descienden a nuestro mundo con sus llameantes cabelleras al viento. Su presencia se percibe enseguida; todo vibra y se energiza con ellos.

Traen antorchas, lanzas encendidas, lámparas...

Ellos son los portadores del fuego de la acción.

- Voluntad y Firmeza
- Coraje y Decisión
- Impulso y Energía
- Independencia y Audacia
- Brillo y Creatividad
- Confianza y Energía Positiva

- Pasión y Entusiasmo
- Seguridad y Autoestima
- Expansión y Alegría
- Verdad y Justicia
- Dirección y Propósito
- Valor y Libertad

Son ángeles que transmiten la más pura esencia del fuego; por eso estimulan, encienden, dan brillo, empuje especial y energía vital.

ÁNGELES DE AIRE (COLOR: AMARILLO)

Si tu pregunta convoca a un ángel de aire, es tiempo de aligerar, alivianar, ¡levantar vuelo!

La liviandad es la clave para el elemento aire, y lo más pesado en nuestro mundo es lo que parece más sutil: los pensamientos.

Libérate de toda la gravedad en tu forma de pensar, un toque de humor y alegría cambia todas las situaciones.

Los ángeles de aire traen música de las esferas, sonidos de campanas, llamados lejanos, nuevos y embriagadores perfumes.

Luces de colores para ver la realidad de muchas maneras distintas, conocimientos antiguos ya olvidados...

Su descenso refresca, renueva; soplan nuevos aires cuando ellos aparecen con los cabellos al viento, con estrellas en la frente y alegres campanas anunciando cambios. Respira profundamente para percibir su aérea presencia. Ellos son ángeles de alegría, ligereza, inteligencia y movimiento:

- Despreocupación y Alegría
- Optimismo y Esperanza
- Sabiduría y Comprensión
- Humor y Juego
- Dulzura y Serenidad
- Calma y Equilibrio
- Belleza y Perfección
- Claridad y Armonía
- Libertad y Desapego
- Fe y Esperanza
- Amor y Alegría
- Generosidad y Apertura

Son ángeles que transmiten las más sutiles cualidades del aire; por eso embellecen, despejan la mente, aclaran y liberan, nos renuevan y despiertan a una nueva vida.

ÁNGELES DE AGUA (COLOR: AZUL)

Si por casualidad desciende un ángel de agua para darte una respuesta, abre tu corazón y déjate inundar con su presencia sanadora.

Es tiempo de curar, limpiar, ablandar, dar nueva vida a tus sentimientos y prestar atención a tus afectos.

Los ángeles de agua traen la memoria de la vida guardada en los milenarios océanos. Vienen con secretos profundos, estremecedores, te envuelven y acunan como cuando eras niño, meciéndote en dulces aguas o en grandiosos océanos.

Saben hablar el lenguaje exacto de los sueños, traen el agua de las fuentes vitales, donde es posible sumergirse y renacer.

Traen copas rebosantes de vida y de misterios. Y los secretos de las profundidades de ti mismo.

Para percibir su cercanía cierra los ojos y siente. Déjate llevar sin resistencias. Sus alas protectoras te conducen hacia tu bienestar y plenitud interior.

Son ángeles de calma, paz, protección y nutrición:

- Seguridad y Confianza
- Ternura y Protección Angélica
- Bienestar y Alegría Interior
- Calma y Paz Interior
- Fuerza y Poder Interior
- Limpieza y Renovación

- Alegría y Renacimiento
- Fuerza y Magia Angélica
- Fe y Aceptación
- Fe y Gratitud
- Perdón y Liberación
- Dicha y Plenitud Interior

Son los ángeles que nos transmiten las más sutiles cualidades del agua; por eso nos apaciguan, nos contienen, nos cuidan, nos dan poder interior y magia. ¡Curan nuestras emociones!

ÁNGELES DE TIERRA (COLOR: VERDE)

Si se te presenta un ángel de tierra como respuesta clave para tu pregunta, el momento de concretar ha llegado y con él la fuerza necesaria. Es la señal segura, no dilates ni postergues, ponte a construir lo que tengas entre manos con la guía de los ángeles.

Los ángeles de tierra fertilizan, dan forma, solidez y realidad a tus sueños más queridos. En su descenso traen poderes fantásticos, riquezas y abundancia, flores y frutos, fuerzas interiores y exteriores, llaves mágicas y tareas a realizar. Su cercanía se siente como una irradiación

magnética y poderosa. Indican el camino más seguro, la mejor forma de trabajar la propia tierra, cómo sembrar y cuidar nuestros sueños para que se transformen en realidad.

Colocan sobre nuestros hombros sus mantos mágicos y así nos transmiten la fuerza y el poder del elemento tierra.

Son ángeles de materialización, realización, practicidad y sostén firme:

- Paciencia y Constancia
- Deleite y Placer
- Paz y Estabilidad
- Plenitud y Abundancia
- Transmutación y Cambio
- Pureza y Humildad
- Orden y Claridad
- Concentración y Disciplina
- Conquista y Triunfo
- Fe y Persistencia
- Fe y Determinación
- Fortaleza y Resolución

Son ángeles que conocen las más poderosas vibraciones de la tierra; por eso nos ordenan, nos conectan con la realidad práctica, nos comprometen a llevar las ideas a lo concreto y nos dan fortaleza en el campo material.

LOS ARCÁNGELES (COLOR: BLANCO)

Los Arcángeles nos dan una ayuda de altísima vibración que corresponde a sus cuatro fuerzas espirituales:

- Luz y Protección Divina: ayuda del Arcángel Uriel
- Luz y Curación Divina: ayuda del Arcángel Rafael
- Luz y Fuerza Divina: ayuda del Arcángel Miguel
- Luz y Amor Divino: ayuda del Arcángel Gabriel

LUZ Y PROTECCIÓN DIVINA

Cuando este Arcángel desciende, sus alas crean a tu alrededor un campo de energía tan protectora y concreta que los que te rodean perciben en ti una luz especial.

Ante esta luz las tinieblas se disuelven.

Confía... estás cuidado y protegido muy especialmente. Bajo estas alas luminosas todos tus sueños se hacen realidad.

La clave es permitirte esta certeza. ¿Te animas a actuar sintiéndote profundamente protegido?

El Arcángel Uriel es el gran Protector.

LUZ Y CURACIÓN DIVINA

Cuando desciende este Arcángel y toca tu corazón con sus alas, es señal de que necesitas dejar ir, liberar algún antiguo dolor, algún recuerdo ya innecesario o quizás un deseo no cumplido que te traba.

Este Arcángel te traspasa por dentro con una cascada de agua pura, arrastrando todos los resentimientos y abriendo nuevos canales, sin resistencias.

¡Déjate atravesar por esta corriente curadora de luz! Y suelta... suelta... Éste es el momento.

El Arcángel Rafael es el más poderoso Curador.

LUZ Y FUERZA DIVINA

Este Arcángel desciende con una estrella en la frente, con un escudo de luz, con una espada de fuego.

Despeja la oscuridad y las tinieblas rezando las oraciones más antiguas, poderosas y exorcizantes.

Padre nuestro, que estás en los Cielos...

O el Salmo 123 de la tradición hebrea.

Destruye a tu peor enemigo, tu tiniebla interna que te hace débil, te infiltra la duda, te llena de miedos diciéndote que no puedes.

La Fuerza Divina despeja tu camino, ilumina lo denso, aliviana lo pesado.

El Arcángel Miguel es el invencible Guerrero de la Luz.

LUZ Y AMOR DIVINO

Un Arcángel resplandeciente, espléndido, te abraza

intensamente y en este abrazo te enseña a zambullirte en la energía de Dios.

Cierra los ojos, déjate llevar hacia las alturas. Comprende y acepta, en este abrazo puedes entregar tus penas y pedir lo que necesites a Aquel que es la Fuente de Amor, a Dios.

Cierra los ojos, déjate llevar hacia tus profundidades, también allí está el abrazo del ángel y de Aquel que es la Fuente de Amor, Dios.

El Arcángel Gabriel es el más dulce Mensajero del Amor.

¿CÓMO SE INTERPRETAN LOS MENSAJES ANGÉLICOS?

Acompañando a los 52 ángeles están sus mensajes, que nos hablan en forma directa y nos dan soluciones sencillas a posibles situaciones que estamos o estaremos viviendo. Ellos nos orientan, por así decirlo, en el tiempo y en el espacio y conforman así el juego.

Es posible que en nuestra vida haya transcurrido un lapso durante el cual hemos fluctuado indefinidamente entre dudas o confusiones; esta forma de vivir tiene que terminar, ha llegado el punto de cambio, tenemos que tomar una dirección firme.

Es tiempo de revisar, reflexionar, optar; es tiempo de aceptar sólo la claridad.

Hoy hay que conectarse con una nueva energía para encontrar respuestas; el nuevo milenio lo reclama.

El ángel que desciende en el oráculo nos está avisando en su mensaje sobre un hecho concreto que está sucediendo ya, una energía a la cual debemos prestar atención porque estamos totalmente inmersos en ella y nos conviene seguir su orientación para llegar a buen puerto. Esto puede estar todavía en el campo sutil, pero el ángel lo detecta aun antes de manifestarse; por eso es un mensaje oracular.

Cuando dice: "Yo soy el ángel que...", es una presentación que hace el ángel de sí mismo y de su particular potencia o facultad para ayudarnos.

Cada situación requiere un ángel diferente. Su aparición a través de la carta nos da la clave para hacer un profundo trabajo en nuestro interior y salir instantáneamente de algún estado de bloqueo e inercia o de escasa vitalidad en nuestras vidas.

Él produce con su presencia, y a través de su mensaje, una irradiación poderosa de luz que eleva nuestra ener-

gía. Y podemos lograr los objetivos del momento con su ayuda, siempre siguiendo los designios superiores.

La forma de consulta es muy simple: se sacan un mensaje y un ángel y lo que parece un juego de azar empieza a transformarse en un diálogo. Éste es tímido o escéptico al principio, cálido y entusiasta a continuación, y apasionado y transmutador al establecerse el profundo contacto con el ángel.

Porque cuando de contacto angélico se trata, se produce una comunicación breve y poderosa, una alquimia precisa.

Con una o dos combinaciones entre las miles posibles, el mensaje del ángel nos llega directo al corazón.

Hay un mensaje especial con el que los ángeles, además de transmitirnos una energía especial, nos piden realizar un trabajo y colaborar con ellos.

El mensaje dice: "Necesitamos ayuda en la Tierra", y preguntan: "¿Aceptas ser un canal?".

Esto significa: ¿Aceptas difundir esta luz? ¿Aceptas preparar el ambiente para nuestro descenso? ¿Aceptas ser un colaborador?

Eres completamente libre de decidir; la aparición de este mensaje en una tirada habla de que los ángeles están particularmente cerca de ti y te piden colaboración personal para que su presencia sea conocida por todos a través de la irradiación de alguna cualidad angélica que al mismo tiempo es la que tú más necesitas.

Sí, el ángel también nos está buscando para cumplir su misión. Este concepto es importantísimo.

Recordemos que sólo cuando él puede conectar su energía y poder con la acción humana, éste se transforma en fuerza concreta porque opera en la materia.

El concepto de evolución para el ángel es cumplir con la misión que le es asignada por Dios, él no tiene posibilidad de elegir como el humano. Él es sólo luz.

En un sentido amplio, el profundo significado de la palabra evolución es, para todo el cosmos, concretar la tarea para la cual cada criatura fue creada.

Es también por esto que los ángeles se están acercando y descendiendo a la Tierra. Ellos tienen un mandato divino que cumplir: ayudarnos a reconocer nuestra esencia y pertenencia verdadera.

No sólo el hombre busca el contacto con lo angélico, ellos necesitan acercarse al ser humano; es una búsqueda recíproca.

El humano, al volverse más receptivo, abre nuevos canales de encuentro, y de esta forma facilita el descenso de energía celestial de dimensiones sutiles, o sea angélicas.

El ángel "evoluciona" descendiendo hacia la materia, iluminándola, y para esto necesita y busca al hombre cumpliendo su destino.

El hombre "evoluciona" ascendiendo hacia el espíritu. Para esto necesita al ángel y lo está buscando a veces sin saberlo.

Lo que se describe es exactamente la magia angélica. En la Antigüedad era sólo accesible a los grandes iniciados y ahora se revela como fuerza de luz en acción.

Es tiempo, por fin, de ir descubriendo los secretos. ¿Aceptas ser un canal angélico en la Tierra?

Formas de consulta del oráculo o cómo buscar tu ángel

1. El ángel desciende
   a) Saca un mensaje y un ángel sin formular preguntas.
   b) Tirada predictiva: pasado, presente y futuro.

2. Llamando al ángel
   Al hacer una pregunta mentalmente y sacar un ángel aparecerá la respuesta exacta a la pregunta.

3. Conversando con el ángel día a día
   Además de tener los ángeles disponibles y cerca

para consultarles tus dudas y en cualquier momento obtener la respuesta adecuada, es posible elegir un ángel en especial y conectarte con sus mensajes diariamente.

4. Enviando un ángel
   Para resolver una situación, ayudar a un ser querido o modificar la energía de un lugar, envía un ángel.

5. Jugando con los ángeles
   El grupo es un lugar especial para convocar ángeles, pero hay que respetar las reglas del juego. Léelas con atención.

1. EL ÁNGEL DESCIENDE

a) *Saca un mensaje y un ángel sin formular preguntas*

Busca un lugar tranquilo o momentáneamente aislado para no tener interferencias. Es altamente protector rezar una oración, y si estás en un lugar donde puedas hacerlo, prende una vela blanca como símbolo de luz. Las flores y el incienso también predisponen el ambiente para una profunda comunicación con los ángeles y, aunque no sean elementos imprescindibles, forman un poderoso sostén energético. Para establecer un canal de máxima pureza enciende incienso común (de iglesia), prende velas blancas y pon flores también blancas.

Despeja tu mente, respira profundo y disponte a recibir ayuda angélica en forma de orientación, guía, consejo o presagio.

Baraja los dos grupos de cartas por separado para impregnarlos con tu energía y extiéndelos disponiendo los mensajes hacia la izquierda y los ángeles hacia la derecha.

Cerrando los ojos, pasa tu mano derecha sobre las cartas sin tocarlas y, donde percibas calor, toma una carta de cada grupo... ¡Ésa es la señal esperada!

Las dos cartas combinadas, mensaje y ángel, forman el oráculo en una secuencia que te permite leer un consejo único, individual y difícilmente repetible. Es el que en este momento necesitas y es para ti.

Las cartas están seleccionadas por una fuerza que no es razonada, es intuición pura y te hace elegir lo que es adecuado para tu bienestar y evolución.

Explicado desde los ángeles, significa que desciende el ángel exacto con un mensaje para guiarte. ¡Síguelo! Medita tranquilamente en lo que recibiste, guarda el resto de las cartas y deja las dos barajas separadas. Y, volviendo a leer lo que dicen, conéctate varias veces con esta energía. Se trata de una indicación precisa y misteriosa, pues se pro-

duce una alquimia o reacción mágica entre el ángel y tu situación concreta, entre su mensaje y tu reacción interna al mismo. Deja que tu corazón comprenda, no lo razones, tómalo como una luz que ilumina tus dudas desde una dimensión angélica y que te trae una respuesta y una solución. O simplemente como una manera de acelerar tu trabajo espiritual para evolucionar, porque cada mensaje trae una carga energética de luz, una potencia extra que se agrega a tu propia luz interior.

Ya verás: lo que podemos lograr con la colaboración de un ángel es mucho más que lo que obtenemos actuando solos y sin ayuda. Es bueno escucharlo; el ángel que desciende hacía tiempo que estaba esperando hablarte. ¡Siéntelo!, respira profundo después de la tirada, ¡conéctate con su dimensión elevada! Y elévate tú también.

b) *Tirada predictiva*

Es posible también hacer una tirada de cartas en tres niveles para tener información predictiva a la manera angélica:

1. Mensaje/ángel para el pasado
2. Mensaje/ángel para el presente
3. Mensaje/ángel para el futuro

El mensaje y el ángel del pasado te informan sobre la situación básica o de origen que está en juego y qué ángel te viene ayudando a crecer durante el último tiempo; tú ya aprendiste esa lección, ya recibiste sus enseñanzas. El ángel te descubre un poder oculto que te pertenece.

En el pasado podrías no haber tenido conciencia de que este ángel te estaba ayudando, pero con la tirada él se revela y te señala, en el mensaje, para qué te estaba transmitiendo su energía. Y así te cuenta lo que te decía al oído aunque tú, todavía, no pudieras escucharlo en forma consciente.

El mensaje y el ángel del presente te informan cuál es la situación exacta a la que debes darle prioridad en el momento actual. Está sucediendo algo, aunque tú no lo veas en el plano concreto, donde son necesarias esta energía y esta forma de actuar.

El mensaje te da la clave precisa de lo que debes hacer y con qué ángel en este preciso momento.

Como en el presente tienes una tarea que realizar, detallada en el mensaje con un ángel enviado especialmente para ayudarte... ésta es la clave más importante para sentirte inmediatamente bien, y el ángel lo sabe.

El mensaje y el ángel del futuro te están diciendo hacia dónde se orientará la situación próximamente y cuál será la resolución final; es un presagio concreto.

Siempre va a tener relación con el pasado y el presente porque no existe un futuro separado o independiente de lo que decidas hoy.

Relee con atención el oráculo completo al final de la tirada y descubrirás lo que tu voz interior seguramente te estaba diciendo en forma de intuición o sensaciones. Aquí es posible hacer una lectura clara y precisa de lo que necesitas profundamente y a veces no lo sabes. Este juego es un mapa para guiarte que va iluminando y mostrándote el camino recorrido desde el origen, el momento presente y el futuro próximo.

EJEMPLO DE CONSULTA

Yo quiero tener una idea clara de cómo estoy en el presente, de dónde vengo, o sea: qué energía estoy trabajando, y hacia dónde voy.

Lo primero que debo decidir es hacer una pausa en mi discurso mental, no suponer ni planificar lo que tiene que suceder y entregarme a recibir información y consejo de los ángeles con total confianza y certeza.

Preparo el encuentro: dispongo el lugar, lo adorno con flores, enciendo una vela y una vara de incienso.

Este ritual, acompañado por una

oración, me ayuda a desconectar la mente y así entrar a un estado vibratorio de apertura y receptividad.

Para abrir profundamente el canal de comunicación angélica respiro varias veces y barajo las cartas divididas en dos grupos.

Saco un mensaje y un ángel para lo que viene del pasado...

Yo soy el ángel enviado
para darte una luz poderosa;
necesitas esta energía,
pues se aproximan grandes cambios en tu vida...
Prepárate... ¡Viene algo muy nuevo! Confía...
Actúa conmigo, yo te brindo... Pasión y Entusiasmo.

Siento una especie de calor interno, fuego puro; es verdad: la vida viene desafiándome con una serie de cambios y pruebas. ¿O sea que todo ese movimiento se produjo porque "se estaban aproximando grandes cambios y estaba llegando algo muy nuevo"? ¡Ahora comprendo! El ángel de Pasión y Entusiasmo me viene acompañando, y gracias a él pude superar la sensación de miedo ante lo desconocido que sentí tan a menudo... La energía del fuego me dio la fuerza que necesito para seguir.

Ya sé dónde estoy situada, ahora sigo consultando hacia el presente.

Yo soy el ángel que te ayuda
a disfrutar...
¡Vuela!
Suéltate...
Hoy te doy un don del Cielo,
una nueva energía
para vivir con plenitud.
Recibe... Perdón y Liberación.

Siento alivio y alegría, el ángel de Perdón y Liberación es un bálsamo. Si lo dejo actuar, los cambios por fin podrán producirse. ¡Cuántas cosas hay que soltar para dar paso a lo nuevo!

Dejo ir los apegos y las resistencias, las situaciones en las que por querer retener viejos hábitos aparece el dolor.

Hoy tengo un ángel que me ayuda a disfrutar, lo acepto, perdono mi resistencia al cambio y me libero totalmente.

Respiro profundo y con gran expectativa hago ahora la tirada para el futuro, tan inquietante y tan desconocido...

Yo soy el ángel
que te libera
de viejos pensamientos.
Vive de una forma
más libre...
más despreocupada.

Te doy lo que tu corazón pide. Intenta vivir con... Luz y Curación Divina.

¡Bajó un Arcángel! Son sólo 4 entre los 52, yo sé que cuando baja uno de ellos estoy recibiendo una protección fuerte.

Él me libera de viejos pensamientos y me pide que empiece a vivir de una forma más libre y despreocupada.

El panorama está bastante claro: en los mensajes recibí la información y la guía que necesitaba, y los tres ángeles que están conmigo son una clave para saber con qué energías actuar y en qué secuencia.

Releo las cartas y pienso: ¡qué extraños que son los ángeles!

El mensaje netamente predictivo aparece al principio... "Se aproximan grandes cambios". El futuro ya está presente en el pasado y no nos damos cuenta.

El misterioso futuro debe ser entregado a la guía divina, y es mejor vivir hoy con toda la pasión y el entusiasmo por la vida, liberarnos de viejos pensamientos y perdonar, soltar lo negativo y dejarlo ir... ¡Ésta es la curación aconsejada por los ángeles!

La tirada se puede hacer rápidamente sólo con las cartas de los ángeles si necesitamos una información inmediata aquí y ahora de cómo estamos energéticamente.

Ángel 1. Energía que me sostiene o pasado: Pasión y Entusiasmo.
Ángel 2. Energía que estoy recibiendo y es muy importante reforzar o presente: Perdón y Liberación.
Ángel 3. Energía que está viniendo a mi vida y que ya está marcando una nueva dirección o futuro: Luz y Curación Divina.

2. LLAMANDO AL ÁNGEL

a) Si tienes una pregunta concreta, formúlala con claridad, mentalmente o escribiéndola. Respira profundamente para disponerte mejor y saca una carta sólo del grupo "Ángeles".

El ángel es la respuesta, la energía que necesitas para resolver el tema planteado. Puedes, si lo quieres, ampliar la contestación tomando una carta del grupo "Mensajes", completando así la información.

b) Si no sabes exactamente cómo formular la pregunta a los ángeles aunque tengas un problema concreto, entonces consulta la lista de preguntas posibles. Ubica primero si lo que quieres saber es...

¿Cuál es la forma de resolver el problema?
¿Cómo hacerlo?
¿Qué ángel invocar para ayudarte?
¿Por qué estás en tal o cual situación?

Cuando encuentres la pregunta exacta sigue los pasos del punto a, porque ya tienes la forma concreta y precisa de indagar al Cielo; por lo tanto, el ángel que descienda, sin duda, será el que tiene la misión de ayudarte en este tema.

La pregunta exacta produce siempre la respuesta exacta.

Guía de preguntas

¿CUÁL?

1. ¿Cuál es el camino que debo tomar ahora para...
   cambiar esta situación?
   liberarme de esta traba?
   mejorar mis relaciones con XXX (nombre de la persona)?
   tomar energías y ponerme fuerte?

tener éxito en lo que estoy emprendiendo?
alejar todas las interferencias?

2. ¿Cuál es el ángel que...
   me ayuda a resolver este conflicto?
   me abre las puertas que están cerradas?
   vendrá después de resolver este problema?
   me ayuda a lograr el cambio profundo de mis emociones y me trae paz?
   me libera de mis pensamientos obsesivos?
   debo escuchar para aclarar mis dudas?
   está a mi lado aconsejándome seguir su camino?
   necesito urgente en este momento?
   me es concedido por el Cielo para ayudarme hoy?
   ilumina mi mente en esta circunstancia?
   debo seguir sin dudar ante esta circunstancia?
   me saca rápidamente de las dificultades en las que me encuentro?
   ayuda a mi pareja y nos armoniza?
   me ayuda y nos armoniza?
   debo enviarle a XXX (nombre de la persona) para que se sienta bien?

3. ¿Cuál es el ángel que me sostiene...
   para tomar esta decisión?
   para avanzar sin dudar?
   para lograr el equilibrio en este momento?
   y protege en el camino que inicio?
   interiormente para actuar con fuerza y determinación?
   para estar seguro y decidirme?
   y está a mi lado en estos momentos?
   y me da valor para actuar?

4. ¿Cuál será...
   mi camino en el futuro?
   mi mayor desafío próximamente?
   el resultado de conversar con los ángeles?
   la decisión que deberé tomar con respecto a XXX (nombre de la persona)?
   la respuesta que obtendré de XXX (nombre de la persona)?
   la energía que se instalará en mi vida afectiva próximamente?
   el resultado de esta situación?
   el ángel que necesitaré para XXX (detallar la situación)?
   la energía que vendrá después de actuar de acuerdo con la decisión tomada?

5. ¿Cuál es...
   - el ángel que tengo que seguir hoy para sentirme bien?
   - el ángel que falta en mi corazón para estar en paz?
   - el ángel que ilumina mi mente para seguir el camino correcto?
   - el ángel que me ayuda a cuidar mi cuerpo?
   - el ángel que mi pareja necesita de mí?
   - el ángel que mi pareja me regala?
   - el ángel que me trae nuevas amistades?
   - el secreto para tener cada vez más energía?
   - el ángel que es mi guía para evolucionar en este momento?

¿CÓMO?

1. ¿Cómo proceder ahora, ya mismo?

2. ¿Cómo mejorar mis relaciones...
   - afectivas?
   - laborales?
   - amistosas?
   - comerciales?
   - sociales?
   - familiares?

3. ¿Cómo resolver esta situación en forma exitosa?

4. ¿Cómo encontrar plenitud en...
   el amor?
   el trabajo?
   la profesión?
   el arte?
   mi vocación?

5. ¿Cómo protegerme de...
   la mala onda?
   la depresión?
   los engaños?
   las agresiones?
   la envidia?
   los celos?

6. ¿Cómo calmar...
   esta angustia interna?
   esta inquietud?
   el miedo profundo?
   esta duda y confusión?
   esta tristeza?
   a XXX (nombre de la persona)?
   los ánimos y encontrar una solución?

7. ¿Cómo concretar...
este proyecto rápidamente?
un cambio profundo?
la negociación XXX?
la pareja soñada?
el contrato XXX?
la compra de XXX?
el viaje a XXX?
un sentido nuevo en mi vida?

8. ¿Cómo avanzar en...
este momento?
esta situación?
mis logros?
mi profesión?
mi evolución?
mi vida espiritual?
mi vida afectiva?
mi carrera artística?
mi trabajo?

9. ¿Cómo atraer a mi vida...
el amor?
el bienestar?
la felicidad?
el entusiasmo?
gente divertida?

cambios positivos?
la prosperidad?
ángeles amigos?

¿QUÉ?

1. ¿Qué ángel baja para ayudarme...
   a salir de este problema?
   a encontrar mi camino?
   a mejorar la situación?
   a recobrar la fe y la esperanza?
   a seguir adelante?
   a lograr éxito?
   a renovar energías?
   a elegir correctamente en este momento crucial?
   a lograr la seguridad para actuar?
   a lograr el bienestar material que tanto necesito?

2. ¿Qué ángel cura...
   mi mente cuando me preocupo?
   mis emociones cuando me conflictúo?
   mi cuerpo físico cuando me enfermo?
   mis miedos?
   mi falta de fe?
   mi inseguridad?
   mi escasez interna?
   mi rutina y desgano internos?

mi desamparo?
mi falta de voluntad?

3. ¿Qué ángel está faltando en mi vida para...
   concretar mis deseos profundos?
   evolucionar?
   tener alegría y esperanza?
   lograr prosperidad y abundancia?
   tener satisfacción y logros?
   liberarme de las trabas?
   encontrar el amor?
   cambiar de rumbo?
   lograr mis objetivos?

4. ¿Qué ángel debo enviar a XXX (describir la situación o el lugar) para armonizarlo y elevarlo?

5. ¿Qué ángel debo invocar...
   ante este momento de duda?
   para ayudar a XXX (nombre de la persona)?
   en el día de hoy?
   cuando siento inseguridad?
   para entrar confiadamente en esta reunión importante?
   en esta situación incierta?
   para tomar esta decisión?

para seguirlo en esta encrucijada?
para subir hacia dimensiones más elevadas y plenas?

6. ¿Qué resultado obtendré...
concretando esta sociedad, pareja, etc.?
al lograr este objetivo?
conversando sinceramente con mi pareja?
pidiendo apoyo a XXX (nombre de la persona)?
animándome a actuar ya?
esperando el momento propicio?
dando el máximo esfuerzo a este proyecto?
tomando esta decisión?
poniendo punto final a esta situación?

¿POR QUÉ?
(completar la respuesta con el nombre
del ángel que desciende)

1. Pregunta: ¿Por qué no tengo a mi lado el amor que tanto sueño?
Respuesta: Porque falta llenar mi corazón con la energía del ángel de... (nombre del ángel: por ejemplo, Valor y Libertad).

2. Pregunta: ¿Por qué no se cumple mi deseo más querido?

Respuesta: Porque me falta actuar con la fuerza del ángel de...

3. Pregunta: ¿Por qué tengo tantas dificultades en lograr mis objetivos económicos?
   Respuesta: Porque necesito que participe en mis proyectos el ángel de...

4. Pregunta: ¿Por qué tengo tanta inseguridad en mis propias fuerzas y no me valoro?
   Respuesta: Porque me falta el apoyo del ángel de...

5. Pregunta: ¿Por qué me cuesta ser creativo y brillante?
   Respuesta: Porque necesito la inspiración del ángel de...

6. Pregunta: ¿Por qué llegué a esta situación complicada?
   Respuesta: Porque me faltó escuchar los consejos del ángel de...

7. Pregunta: ¿Por qué está cerrada esta posibilidad?
   Respuesta: Porque preciso abrir este camino con el ángel de...

8. Pregunta: ¿Por qué siento tanta tristeza y desamparo en este momento?
Respuesta: Porque necesito la energía del ángel de...

9. Pregunta: ¿Por qué dudo y tengo tantos temores de iniciar el cambio?
Respuesta: Porque necesito la guía, el sostén y la energía del ángel de...

10. Pregunta: ¿Por qué estoy tan perdido, desorientado y sin fe?
Respuesta: Porque necesito el apoyo interno que me da el ángel de...

Una vez que tomaste el ángel, siempre puedes completar la respuesta con un mensaje que te agregará datos sobre la situación que estás viviendo en cuanto a tiempos y formas de actuar. Esta guía es muy útil porque generalmente no sabemos cómo preguntar y entonces, al no formular claramente nuestra duda, los ángeles no encuentran la respuesta adecuada.

¡Es fascinante aprender a conversar con los ángeles! Y al seguir su orientación en forma constante, estamos actuando como magos angélicos, transformando el conocimiento en acción.

3. CONVERSANDO CON EL ÁNGEL DÍA A DÍA

Quizás hace tiempo estás sintiendo la necesidad de mejorar o modificar algún aspecto de tu vida y no sabes cómo hacerlo, o necesitas un sostén extra para lograrlo y no lo encuentras fácilmente.

Existe un ángel, especial y adecuado, para ti, esperando descender si tú lo invocas, y tiene mucho que decirte.

Esta posibilidad de conversar diariamente con una criatura alada te abre un mundo nuevo.

Puede ser que ya tengas elegido el ángel; por ejemplo, deseas profundamente tener belleza o abundancia, amor o fortaleza. Saca el ángel y sepáralo del grupo de cartas para hacerle un pedido especial.

Tú le pides su don y él te lo dará, pero debes tomar un compromiso con el Cielo: el de predisponerte a seguir la guía del ángel en forma sincera.

La tarea es muy simple, pero tienes que ser consecuente y conectarte leyendo los mensajes y poniéndolos en práctica durante 3, 6 o 9 días.

Este orden de múltiplos de 3 tiene un significado ritual muy antiguo, que da un extraordinario poder al trabajo que estás haciendo.

Si no tienes elegido el ángel y prefieres que el Cielo te envíe el que más necesitas, confía...

Cierra los ojos y saca una carta: el ángel adecuado a tu necesidad vendrá en tu auxilio.

Desde el primer día toma la decisión profunda de recibir la energía, el poder, la luz y la ayuda del ángel con el que estás conectado.

Es muy bueno iniciar el contacto con una oración, la que más te guste o la que te da seguridad desde pequeño; es una forma ritual inmediata para abrir la comunicación con el Cielo.

También se aconseja encender una vela blanca, incienso, tener flores y un ambiente limpio y agradable para escuchar lo que tu ángel te va a comunicar.

Si no tienes el tiempo para hacer diariamente ese ritual, no dejes de sacar un mensaje y escuchar al ángel durante los 3, 6 o 9 días que decidiste dedicarle.

EJEMPLO Y RELATO DE UNA EXPERIENCIA

Si hace un tiempo que vengo con limitaciones y escasez y estoy pasando una situación económica y anímica difícil, busco un ángel para cambiar y actuar con él.

El ángel que elijo es de Plenitud y Abundancia, es un ángel de tierra.

El nombre ya me está diciendo que la abundancia no es sólo una situación externa, sino que también necesita una energía interna para manifestarse, debo ser capaz de tener plenitud... Es decir, debo ser capaz de recibir abundancia, prosperidad y las buenas cosas de la vida.

El nombre del ángel es una clave y un descubrimiento. Te da su fuerza.

Decido conversar con el ángel durante 3 días.

PRIMER DÍA

Saco el primer mensaje... y el ángel me dice:

Yo soy el ángel enviado por el Cielo para protegerte y alejar lo negativo. Nada puede perturbarte, porque mi escudo de luz te defiende con la fuerza de Plenitud y Abundancia.

Todo este día lo dedico a poner mi mente en positivo y a alejar interferencias; sé que el ángel me está defendiendo y me da un escudo de luz.

Siento su protección y percibo una nueva fuerza.

El ángel me avisa que tenga cuidado; debo tranquilizarme y alejar mi propia negatividad, poner luz y actuar con él.

Es decir, permitirme la sensación interna de plenitud y abundancia que luego se manifestará exteriormente.

SEGUNDO DÍA

Ayer fue un día distinto, sentí la compañía del ángel, y puse barreras a la negatividad propia y la de los que me rodeaban; hoy espero su mensaje.

Yo soy el ángel que te da buena suerte, ¡decídete a ser feliz! Y nada ni nadie lo podrá impedir. Te doy la luz más necesaria para lograrlo. Te doy... Plenitud y Abundancia.

Hoy el ángel me da una clave distinta. Aunque resulte extraño, el ser feliz es una decisión propia y nada del exterior puede modificarlo.

Esta certeza me acompaña durante todo el día; además el ángel está en contacto conmigo, me está entregando el poder de tener plenitud, y la abundancia vendrá como consecuencia.

TERCER DÍA

Esta vez lo primero que hago al levantarme es buscar las cartas y sacar el mensaje del ángel; ya es una especie de amigo fiel que me acompaña y me da las mejores ideas.

Yo soy el ángel que desciende para despertarte pues nuevas energías están entrando a la Tierra para llenarla de luz.

¿Vienes a la nueva vida? Deja la antigua y recibe este don del Cielo.

Comienza a vivir con... Plenitud y Abundancia.

Siento una fuerza especial, es cierto que todas las cosas están cambiando alrededor y también pueden ser nuevas para mí.

El ángel me da el don que yo le pedí pero también me pide que viva con plenitud y abundancia, desde adentro, aceptando lo nuevo, abriendo posibilidades; la tarea es conjunta.

Recibimos ayuda, los dones del Cielo están disponibles, pero tenemos que poner de nuestra parte la disposición para despertar a nuevas energías, a nuevas formas de vivir y confiar.

¿Cómo sigue la historia? ¿Esta persona logra apartar la limitación? ¿Se le arreglan las cosas?

La clave es sólo una: depende de la fe y la persistencia que ponga en mejorar; del resto se ocupa el Cielo, y no puede fallar.

Los ángeles nos ayudan a mantener nuestra energía en un alto nivel de vibración. Es muy parecido al que tenemos cuando somos niños, en el primer Cielo, donde no existe la palabra imposible y disponemos de fuerzas extraordinarias y poderes ilimitados.

La persona que relata su experiencia puede ser cualquiera de nosotros, cuando nos trabamos en una situación que parece cerrada y sin solución posible.

Los mensajes que vamos recibiendo ofrecen caminos alternativos y a veces parecen alejarse de una acción directa para lograr un objetivo.

Ésa es la parte que nos revela el ángel, algo así como el revés de la trama, la esencia sutil de la situación, donde, en una forma incomprensible para nosotros, se van uniendo los hilos que del otro lado forman un dibujo concreto... la realidad.

Esto es magia angélica, el saber actuar desde los planos sutiles. Si quiero obtener plenitud y abundancia, es bueno que esté más alerta, que me despierte, que me libere de viejas ataduras, que aleje lo negativo y que al fin me decida, en primer lugar, a ser feliz independientemente de los problemas a resolver.

Todos estos hilos que yo ordeno en mi energía, en el revés de la trama o en el plano interior, donde no se ve nada concreto porque es un plano sutil o interno, forman al derecho la realidad objetiva.

Por ejemplo, la de vivir una vida llena de plenitud y abundancia.

4. ENVIANDO UN ÁNGEL

A veces estás en situaciones difíciles de resolver con las personas que amas; a veces, por mejor disposición que tengas, las relaciones laborales o de negocios no se encarrilan y se complican más y más.

A veces no sabes cómo ayudar a un amigo a salir de una situación triste; te pide consejo y no sabes qué responderle.

Existen ocasiones en que necesitas una ayuda especial para concretar un objetivo y no sabes a quién recurrir.

En todas estas situaciones, o las que puedan presentarse, la ayuda de un ángel es poderosa.

Puedes enviar mentalmente un ángel a la persona que amas y transmitirle un mensaje para armonizar las relaciones.

Puedes enviar un ángel a esa reunión de trabajo, o a esa persona autoritaria y difícil, o simplemente "instalarlo mentalmente" allí donde haya oscuridad para que irradie su luz. O enviarlo al futuro para iluminarlo.

Puedes enviar un ángel a aquel amigo que estaba pidiendo tu consejo.

No hace falta decir que un ángel está interviniendo; la energía le va a llegar a través de ti. Y él decidirá finalmente, en niveles sutiles, si acepta esta ayuda.

Pon a trabajar un ángel en el sueño que deseas alcanzar. Él seguro te dará su colaboración si el Cielo decide que ese sueño es para ti.

Éstos son algunos de los ejemplos de las oportunidades en las que puedes enviar ángeles con la misión de irradiar energía; nosotros, los magos angélicos, contamos con la cooperación de ellos para resolver todos nuestros problemas.

Trasladar tu acción al plano sutil, contando con la colaboración de amigos alados, te traerá sorpresas constantes. ¡Vale la pena comprobarlo!

PASOS A SEGUIR PARA ENVIAR UN ÁNGEL

Antes de comenzar haz una pausa mental, abre el canal con una oración, agradece al Cielo su intervención y entrega al ángel que descienda la tarea de solucionar el tema que te preocupa o que quieres mejorar.

1. Respira profundamente tres veces y visualiza la situación donde enviarás un ángel. Escribe el tema en un papel y ponlo delante de ti.
2. Saca un mensaje y un ángel del mazo y colócalos sobre el papel que contiene la descripción de la situación.
3. Mirando la carta del ángel pronuncia en voz baja su nombre tres veces. Cierra los ojos y visualízalo en el lugar donde quieres enviarlo para cumplir la misión, parado detrás de la persona a quien se lo envías o en el sitio donde quieres que actúe.
4. Lee el mensaje dirigiéndolo mentalmente a la

situación a mejorar y pronuncia nuevamente el nombre del ángel.

5. Respira profundamente y siente la paz de tener un ángel interviniendo allí donde tú ya no puedes actuar solo. Es reconfortante tener ayuda, confía en el Cielo y olvídate del tema por el día de hoy.

Repite el ritual de enviar un ángel 3, 6 o 9 días para reforzar su presencia y su irradiación. Él hará el resto.

El papel con la descripción del problema se debe romper después de enviar el ángel; de esta manera cortas la negatividad que contiene.

Cada vez que pienses en la persona o en lo que te preocupa, porque es difícil olvidarse del tema, agrégale el ángel. O sea, cuando el problema vuelva a ti con todo el peso de las situaciones no resueltas, haz una transferencia de energía y acuérdate de que el ángel está allí presente, cumpliendo una misión de luz.

Verás que es más fácil dejar de dar vueltas y vueltas alrededor de lo mismo cuando puedes entregar al ángel la tarea de actuar y dar luz de Cielo a los temas de la Tierra, es decir: es posible sumar su fuerza a la tuya cuando estás tratando de mejorar.

5. JUGANDO CON LOS ÁNGELES

Una de las formas de jugar con los ángeles en grupo es, una vez definida la cantidad de participantes, como primer paso, leer las reglas del juego que a continuación se detallan.

REGLAS DEL JUEGO

Como todo juego, tiene reglas y condiciones para poder participar; en este caso hay pocas, pero son muy estrictas.

El participante, ya sea que juegue solo o en grupo, debe cumplir con los siguientes requisitos:

A. Acercarse al juego con predisposición alegre y despreocupada. Dejar absolutamente de lado el escepticismo, pues éste bloquea la comunicación con los ángeles.

B. Tener una actitud de respeto y confianza en la presencia de los ángeles. Ellos aman el juego y la comunicación con los seres humanos. Se requiere reciprocidad.

C. Estar atento a las respuestas y los mensajes angélicos que van a quedar resonando en nuestro interior.

Los ángeles tienen el don de síntesis y en pocas palabras nos resumen toda la situación, dándonos la clave exacta para orientarnos.

Luego de leer las reglas del juego, ubicarse en círculo, de manera que quede un espacio cerrado definido por los participantes. En el centro se colocan los dos mazos de cartas y se hace la pregunta que abre el juego.

1. ¿Qué ángel interviene por cada jugador? Por cada persona participante, se saca la carta de un ángel; de allí en más la persona estará aportando esa energía al grupo, irradiando esa presencia, representando a ese ángel.

Es muy importante saber qué ángel está trayendo cada uno, quién tiene en ese momento una afinidad especial con él, porque esto significa que esa persona es un buen canal para esa luz.

2. Proseguir sacando un mensaje para cada participante, que completará la información, por así decirlo, de los ángeles intervinientes, permitiendo que se comuniquen con el grupo.

3. Como el juego consiste en conversar con los ángeles, cada participante puede hacer una pregunta en forma libre y personal y pedir como respuesta una carta con un mensaje. De esta manera, todos los que intervienen participan de los diálogos y las respuestas de los

ángeles, porque cada pregunta es, en realidad, reflejo de las energías del grupo.

4. Luego de establecido el contacto personal de cada uno de los integrantes, la vibración del grupo se ha elevado y es posible hacer una pregunta para todos y leer las respuestas que obtiene cada uno, dejando así hablar a los ángeles.

Ejemplo:
¿Qué ángel intervino en el pasado de los que estamos presentes y cuál fue el don concedido a cada uno?

En este punto el clima de unión y energía será propicio para establecer un contacto más impersonal y amplio con los ángeles... con lo que las preguntas pueden ser inquietudes, dudas o pedido de apoyo general para todos.

La energía presente irá canalizando las preguntas hacia los temas que necesitan la intervención angélica.

5. Es bueno cerrar el encuentro pronunciando el nombre del ángel que cada uno convocó al principio, agradeciéndole su intervención en el juego; éste es el comportamiento habitual de los magos angélicos.

Los ángeles son seres refinados y aristocráticos. Aman la buena educación, saben que es una forma de belleza.

Por ejemplo, recurrir a ellos antes de una entrevista importante.

Es bueno, antes de salir de casa, prepararse para estar firme, seguro y relajado.

La mejor manera es hacer una consulta de orientación e invocación a los ángeles a fin de saber cuál es el que nos va a acompañar para darnos fuerza.

Va a descender el ángel exacto, el que canaliza el tipo de energía que vamos a necesitar.

Recordemos que ellos pueden predecir, ayudándonos a crear nuestro futuro, dándonos toda la energía para que nosotros, los magos angélicos, dispongamos de ella.

Entonces... pregunto: ¿Cuál es el ángel que necesito en este momento?

Llega la respuesta a través de una carta.

Baja el ángel de Seguridad y Confianza. Es un ángel de agua que calma emociones; respiro profundamente y lo siento muy cerca, abrazándome con sus alas.

Pero todavía siento inquietud, precisaría otro ángel; esta entrevista es tan importante para mí... todavía tengo miedos que me frenan interiormente y los quiero alejar. Vuelvo a consultar.

Pregunto: ¿Cuál es el camino que debo tomar ahora para liberarme de esta traba?

Respuesta: Ángel de... Fe y Esperanza.

Descendió el ángel de Fe y Esperanza. Es un ángel que despeja la mente y aclara los pensamientos, es un ángel de aire.

Es imprescindible tener esperanza; la mente siempre trata de interferir, bloqueándonos. Pongo este ángel en mi mente.

Con las consultas realizadas, yo entraré a la entrevista con el ángel de Seguridad y Confianza y, si percibo en algún momento que me trabo, seguiré hablando con tranquilidad, sintiendo la energía del ángel de Fe y Esperanza dándome luz.

CUANDO VOY A ENCONTRARME CON ALGUIEN QUE ME INTERESA MUCHO

Éste es otro tipo de "entrevista", quizá más difícil que la anterior, para la cual los ángeles pueden ayudarnos mucho. Ellos son expertos; recordemos que viven sólo en la vibración del amor; saben todo sobre esa energía.

Reservo ese último momento, antes de salir, para consultar a los ángeles.

Y pregunto: ¿Cuál será la energía con

la que deberé moverme en mi vida afectiva próximamente? Con tranquilidad me conecto y saco una carta del grupo de ángeles.

Respuesta: Ángel de Brillo y Creatividad. Es un ángel de fuego, alegre, apasionado y magnífico. Yendo con él a mi lado, ¿quién podrá resistirse?

Para reforzar la sensación mágica que estoy sintiendo con este ángel a mi lado, cierro los ojos y lo visualizo frente a mí.

Le pido que me tome la mano y me transmita su luz: brillo, fuego, creatividad.

Para cerrar la operación mágica tomo un mensaje del grupo de cartas correspondiente y otro ángel para reforzar mi nuevo estado.

Y éste es el mensaje...

Yo soy el ángel que te anuncia el logro de ese sueño tan querido.

Aflójate.

Suéltate.

Ahora el Cielo te ayuda dándote la energía adecuada.

El éxito es tuyo, actúa con... Paz y Estabilidad.

Este mensaje me da seguridad, voy al encuentro en los brazos de un ángel. ¿Qué puedo temer? Voy a lograr ese sueño tan querido, el Cielo me ayuda a tener amor en mi vida, puedo brillar y ser creativa. Los ángeles me dan esplendor, magia, y además me acompaña un ángel de tierra: Paz y Estabilidad; ahora estoy segura.

Ésta es la forma rápida de no actuar solos; los ángeles están esperando que los invoquemos, y las cartas son un canal inmediato, rápido, para que desciendan y nos llenen de luz.

Nunca, pero nunca se equivocan.
¿Te animas a probar si es cierto?

El camino del mago angélico es un camino del corazón, un camino de compromiso profundo y apasionado con los propios sueños, como lo descubrieron Luis en la montaña, Henny en sus viajes a la memoria, Monseñor en su lejano monte Athos.

¿Cuál es el camino al que te conducen tus propios sueños?

EL CAMINO DEL MAGO ANGÉLICO

Ahora ya sabes que el camino del mago angélico es un camino secreto y que es posible encontrarlo en *Jugando con los ángeles*.

Mientras juegas, sus ojos de fuego te observan fijamente para encontrarse con los tuyos y encenderlos con un nuevo resplandor.

Mientras juegas, sus manos están extendidas y abiertas para tomar las tuyas y guiarte firmemente por un nuevo camino.

Sus alas protectoras se despliegan sobre ti en un vuelo silencioso, irradiando esplendor y claridad.

En *Jugando con los ángeles* tienes su segura colaboración y guía.

Es bueno preparar un lugar mágico para sus descensos y esperarlos. Preparar un nido con oraciones, con flores, con música, con incienso, con alegría.

Los ángeles están esperando tu llamado para posarse silenciosamente en tu interior y susurrarte sus mensajes secretos.

Y cuando esto suceda sentirás alas moviendo tus manos.

Y mirando a través de sus ojos verás lo nunca visto.

Presta atención.

Hay una segura, segurísima señal de su descenso.

Tu andar se vuelve más liviano, tu mirada más limpia y compasiva...

Y tus pies, como alados, te llevan por caminos nuevos llenos de misterio y asombro.

Si ya lo sientes, entonces... ¡Están contigo!

Pero si tienes una emergencia emocional... ¡Consulta el Botiquín de Primeros Auxilios Angélicos!

Botiquín de Primeros Auxilios Angélicos

Siete tratamientos para el alma

En este Botiquín encontrarás siete juegos, siete tratamientos universales para toda alma que necesite ayuda.

A veces se nos presentan situaciones que requieren una venda, una aspirina, un antibiótico emocional. O simplemente necesitamos una dosis fuerte de energía angélica de alta vibración.

Aquí encontrarás aspirinas de alta potencia creadas en el laboratorio de los Arcángeles y elixires angélicos de altísima vitalidad. Todos los tratamientos están elaborados a base de fuertes dosis de Virtudes que llevan nuestra energía a elevadísimos niveles vibratorios. Como lo exige el siglo XXI.

Los preparados, como ya sabes, se presentan en forma de cartas en las que encontrarás las indicaciones

para cada situación. Por ejemplo, "Pasión y Entusiasmo" es un tratamiento de fuego infalible para curar la abulia. En cambio, "Paciencia y Constancia" es un elixir de tierra garantizado, especial para terminar con los devastadores efectos de la ansiedad.

Así como "Luz y Fuerza Divina" es un antídoto universal contra todo ataque de la sombra, "Luz y Amor Divino" cura cualquier síntoma incipiente o avanzado de tristeza.

Nota: Recuerda que, por suerte, ninguno de los tratamientos tiene contraindicaciones.

Instrucciones para su uso

Aquí va una guía sobre cómo utilizar el Botiquín de acuerdo con los síntomas que se te presenten:

Busca un lugar tranquilo. Respira profundo... ya vienen los tratamientos.

Hay dos formas de usar el Botiquín:

1. Identifica la situación de emergencia emocional, espiritual, afectiva o energética que necesite una cura ya y sigue al pie de la letra uno de los tratamientos. ¡Al pie de la letra!

2. Entrénate en los siete juegos uno a uno hasta conocerlos bien. Y luego recurre a ellos cuando necesites una fuerte dosis de vibración angélica.

Guía de Juegos-Tratamiento del Botiquín

Como esta medicina celestial es altamente concentrada, separamos de los dos mazos sólo las cartas de los ángeles, dejando de lado las de los mensajes.

Para algunos juegos, las ordenaremos en cinco grupos, por colores.

JUEGO N° 1
CUIDAR A UN ÁNGEL

A veces, no importa lo bien que nos sintamos por dentro, algo nuestro o de afuera puede tratar de afectarnos. Para contrarrestar esa fuerte sensación de desamparo real o imaginario...

Para estar ciertamente muy acompañados y protegidos día y noche... Nada es más efectivo y hermoso que... ¡Cuidar a un ángel!

Se recomienda como tratamiento prolongado.

JUEGO Nº 2

¡ARRIBA! ESCALERA AL CIELO

Es posible salir graciosamente de ciertos momentos de desasosiego, elevarnos al instante y volvernos tan, tan livianos como un ángel.

Ante los primeros síntomas de decaimiento se recomienda, inmediatamente, construir una Escalera al Cielo.

JUEGO Nº 3

¿QUÉ HACER ANTE UNA ENCRUCIJADA...?

Tratamiento de urgencia: Trazar rápidamente La Estrella de los Peregrinos y conseguir una orientación angélica para saber no solamente qué hacer, sino también cómo hacerlo.

JUEGO Nº 4

ESTRELLA DE SOLUCIÓN DE UN PROBLEMA

Sorprendente estrella de cuatro puntas que soluciona inconvenientes a la manera celestial.

Tratamiento fundamental en todo Botiquín Angélico. Excelente antídoto antibloqueo.

JUEGO N° 5

APRENDER A VER EL MUNDO COMO LO VE UN ÁNGEL...

Cura refrescante que inunda nuestra vida con un baño de color.

¡Restaura el equilibrio y clarifica toda situación!

JUEGO N° 6

CIELO, ¿QUÉ QUIERES DE MÍ...?

Al oír atentamente la respuesta, alineamos nuestra intención humana con la intención del Cielo.

Y comprendemos lo incomprensible.

JUEGO N° 7

ESTRELLA DE CUMPLEAÑOS

Ceremonia de invocación de los doce ángeles que nos acompañarán a lo largo de todo el año.

Más el número trece, nuestro custodio personal.

Juego Nº 1
Cuidar a un Ángel

Es importante saber que los ángeles caminan entre nosotros en el mundo concreto. Cuando las circunstancias lo requieren, hasta adoptan una forma humana para intervenir de manera más eficiente.

¿Cómo podemos advertir la presencia de un ángel que camina por la Tierra?

Reconociendo su inconfundible mirada.

Veamos cómo hacerlo.

En toda oportunidad que tengas, y mejor si estás caminando por una calle muy concurrida, observa las miradas a tu alrededor... ¿Cuáles son las más habituales?

Recuerda: ¿Por cuántas calles has caminado? ¿Cuántos rostros pasaron junto a ti sin que los hayas mirado?

Piensa por un momento en aquellos a los cuales prestaste realmente atención. ¿Cómo eran esas miradas?

Tal vez te acostumbraste a ver ojos ausentes, ansiosos, pensativos, indiferentes. Y por eso no notaste el rostro distinto y claro de un ser que no es de este mundo pero camina por él trayendo en sus pupilas el reflejo de Dios.

Tú puedes verlo. Observa pacientemente y un día... lo reconocerás.

Un extraño resplandor te contemplará por un instante. Sus ojos inefables te atravesarán con su luz y sentirás que es Dios mismo quien te observa a través de esta enigmática mirada desbordante de amor. La sensación de bienestar que te trae este encuentro es maravillosa. ¿Recuerdas esos momentos en que caminabas por la calle y de repente, sin razón especial, te dieron ganas de sonreírle a todo el mundo, de saludar con cariño a aquellos que pasaban por tu lado con la mente quién sabe en qué espacio? ¿Qué me sucede? ¿De dónde viene esta alegría incontenible?, te preguntaste. Es sencillo, te cruzaste con un ángel.

Los ángeles caminan entre nosotros pero, para poder verlos, es necesario estar atentos, alertas, dispuestos.

Realmente no hay nada más efectivo que cuidarlos para empezar a encontrarse con ellos. Y es importante que sepas por qué es justamente ahora el tiempo de establecer fuertes lazos de intimidad y amistad con las criaturas aladas y qué sucede cuando las invitas a tu mundo.

A continuación te detallo una serie de muy buenas razones para invitar a un ángel a pasar todo un día contigo:

Para completar su Trabajo Divino, los ángeles necesitan sentir nuestro amor... En muchas partes de este libro has visto que ellos daban y daban. Es verdad, sigue siendo así, pero hay que considerar que aun en el caso de un dador y uno que recibe existe una interacción. Piensa bien. Dios creó a los ángeles para que nos ayuden, como tú ayudas a tus propios hijos. Y aunque a veces no se vea, hay un cuidado de tus hijos hacia ti en el cariño que te entregan. Con los ángeles es casi lo mismo. El cariño y la fidelidad que reciben de nosotros hacen que se forme un vínculo indestructible entre los dos. Sin considerar quién ha dado más o quién ha recibido la mayor parte.

Por eso, cuidarlos es devolverles el gesto que hace miles de años ellos vienen teniendo con nosotros.

Un primer síntoma bien fuerte de los efectos de amparar a un ángel es, poco a poco, irnos pareciendo a él, sin que ni siquiera nos demos cuenta.

Sólo por haber asumido la responsabilidad de cuidar a un ángel nos elevamos espiritualmente.

Un solo día de cuidar a un ángel es suficiente para recibir una profunda lección de amor. Tu gesto será devuelto por el Cielo, que cuidará amorosamente de ti mientras tú te ocupas de tu protegido.

Ahora, si te decides a cuidar a una criatura celestial, recuerda que es un ser sensible y muy delicado. Y ten en cuenta algunos detalles: no soporta las estridencias, es cristalino, aristocrático y totalmente confiado.

Y como siento que tú valoras estas formas de ser, puedo asegurarte que cuantos más ángeles cuides, más te vas a parecer a ellos. Como tú sabes, es imposible estar al lado de un amor tan absoluto sin contagiarte.

Sentirás que el ángel que estás custodiando es muy familiar, como si siempre hubiera estado contigo.

Cuando cuidas a un ángel, todos los que te rodean, inconscientemente, empiezan a cuidarlo contigo sin darse cuenta. ¿Qué está pasando?, se preguntan, mientras tú sonríes disimuladamente. Es que la presencia de uno de ellos modifica a todos quienes se acerquen a ti. Verás cómo reaccionan en forma diferente a cosas que hasta ahora rechazaban de plano. Fíjate, sobre todo, en aquellos que a veces tienen problemas en expresar o demostrar su dulzura.

La presencia del ángel, invisible a los ojos pero no al alma, puede hacer que caigan muchas barreras y que las resistencias se derritan sin explicación alguna. Excepto, por supuesto, para ti, que no sólo conoces perfectamente la razón de lo que sucede sino que, por suerte, eres directamente responsable de que el ángel se encuentre allí. Tú lo llamaste.

Cuidar a un ángel implica ser por ese día su aliado en la Tierra, su representante humano, su espejo, su fiel amigo.

Significa proteger su belleza, amparar su luz como lo harías con la tenue llama de una vela...

Instrucciones para cuidar a un ángel

Esta pequeña ceremonia debe ser realizada la noche anterior al cuidado de un ángel.

Pero a pesar de lo pequeña que parece, vístete con las mejores ropas espirituales que tengas. Vas a tu Templo Interno. El lugar donde has alzado el altar que tiene sobre él lo que es más sagrado para ti.

Enciende una vela blanca, traza mentalmente un círculo de Luz y separa del mazo de cartas de los ángeles a las cuatro cartas blancas con toda deferencia. Mientras las barajas suavemente con los ojos cerrados, haz esta pregunta:

—Cielo... ¿Qué ángel necesita de mis cuidados?

Tu mano sentirá la sutil vibración, toma sólo uno de los ángeles y al abrir los ojos mira la carta y sabrás quién es tu aristocrático invitado.

Él mismo te señalará cuál es la tarea que harán juntos mientras dure su visita. Porque en la economía divina no hay visitas sociales. Si un ángel determinado quiere ser cuidado por ti, es porque juntos harán un trabajo espiritual personal y colectivo.

Si la carta es "Luz y Fuerza Divina", el Arcángel Miguel, príncipe de las Potestades, es quien ha descendido para ser cuidado.

Desde este momento, transfórmate en un ángel guerrero, una Potestad; impecable y decidido. Corta los lazos con los viejos miedos, con las limitaciones. Y di suavemente: "Mañana es un día especial para iniciar un nuevo camino".

Desde el amanecer no permitas que ninguna tristeza nuble tus ojos, recuerda que estás con un guerrero celestial a tu lado. Potencia la pureza, el bien, la evolución espiritual e irrádialos a tu paso durante todo el día.

Si has elegido "Luz y Curación Divina", el arcángel Rafael es quien ha descendido con sus huestes de Dominaciones.

Esta vez prométete: "Mañana es un día para perdonar y olvidar".

Tú, el Arcángel y sus huestes curadoras serán un conjunto enternecedor a los ojos del Cielo.

Cuidarán lo sano, lo bueno, lo nuevo que quiere nacer en tu vida. El Arcángel haciendo su trabajo luminoso y tú agasajándolo... Juntos, tú y tus huéspedes celestes harán la tarea de sanar y limpiar tu campo emocional. Barrerán resentimientos y enojos, cortarán viejos miedos, curarán las dudas y purificarán toda persona y lugar que recorran juntos.

Si el Arcángel Gabriel ha llegado con sus Querubines para ser cuidado, en tu mano brillará la carta de "Luz y Amor Divino".

Repite suavemente tres veces: "Mañana es un día especial, lo dedico a la dulzura".

Toma la mano del Arcángel y no lo sueltes durante todo el día. Por nada. Su cercanía hará caer en mil partes tu coraza de defensas y recuperarás la confianza en la vida. ¿Sabes? Es un buen momento para ampliar tu videncia y tu percepción. Y ayudado por un verdadero ejército de Querubines puedes restaurar el amor en todas sus formas. Al respirar profundamente tal vez alcances a sentir un tenue perfume de rosas o de azahares... ¡Buena suerte! Es el Amor dispersándose.

Si es el Arcángel Uriel quien se acerca, la carta dirá "Luz y Protección Divina" y será tu huésped junto con sus huestes de Principados.

Repite en un susurro: "Mañana es un día para confiar".

Y tendrás toda una jornada para ser como un niño. Siéntelo cerca, disfruta plenamente de la situación. Muchas veces lo anhelaste... Ahora estás acompañado por un príncipe celestial.

Profundamente amado.

Sostenido.

Cuidado y fortalecido.

Uriel y los Principados traen vibraciones especialmente terrestres y naturales. Confortan, estabilizan, pacifican.

Entrégate...

Juego N° 2
Escalera al Cielo

¡Arriba!

Para elevar nuestra energía.

Para alinearnos instantáneamente.

Para salir de esos inexplicables momentos de desasosiego...

...se recomienda inmediatamente construir una Escalera al Cielo. Y así alinear nuestra conciencia en una línea vertical que nos eleve nuevamente hacia el espíritu. El Botiquín cuenta con esta herramienta fantástica: la Escalera, que ordena al instante la vibración de nuestros cinco cuerpos energéticos: el físico, el emocional, el mental, el vital y el espiritual.

¿Un bajón? Detectemos los síntomas (Puede no ser nuestro)

Hay ocasiones en las que una nube gris ensombrece un día que podría ser claro y no sabemos por qué. ¡Cuidado!... Puede deberse a que los índices de contaminación emocional de la ciudad están muy fuertes. Son síntomas que a veces ni siquiera te pertenecen. Sólo entras en el foco de su fuerza producida por miles de problemas personales que con sus millones de gotas individuales forman esos nubarrones colectivos que se descargan sobre ti por el simple hecho de pasar por allí.

¡Abre el paraguas!

A través de técnicas sofisticadas de redacción, mensajes subliminales y propagandas varias se crean mitos y se forman remolinos de turbulencias emocionales colectivas llamados "la opinión pública".

Tenemos que ser conscientes de que todo esto es tan peligroso como las armas químicas o bacteriológicas.

Estamos en un mundo que puede ser recorrido en segundos por los medios electrónicos y diversas formas instantáneas de propagación de noticias. Nos hallamos expuestos a una cantidad de estímulos y de información que no podemos absorber... Debemos tener cuidado con los descentramientos.

Y uno de los riesgos que corremos es caer en el desasosiego personal.

Como sabes, el desasosiego es un arma flotante que espera cualquier golpe de gatillo producido por contrariedades o desencantos, aun pequeños, para disparar contra nuestras defensas.

Pero también sabes que los ángeles son formidables centinelas que tienen la habilidad de formar escudos de luz y así aumentar nuestro nivel de resistencia.

Ante el primer síntoma de tristeza indefinida, ante una sensación de desánimo o desasosiego, ante un bajón repentino de energía, aplica este efectivo tratamiento del Botiquín Angélico Emocional.

Podemos subir por esta Escalera Mágica y así, con los centinelas alados, combatir las fuerzas que pretenden aplastarnos y que a veces ni entendemos por qué están allí.

Si construyes esta Escalera al Cielo paso por paso siguiendo las instrucciones, ya lo verás... tu energía la usará para subir de inmediato.

¡Comencemos ya! Mientras vamos subiendo, el ángel de cada elemento nos da una clave. Peldaño por peldaño. Y cuando llegamos a la cima de la Escalera Mágica, infaliblemente, nos sentimos bien.

FIGURA 1
ESCALERA AL CIELO

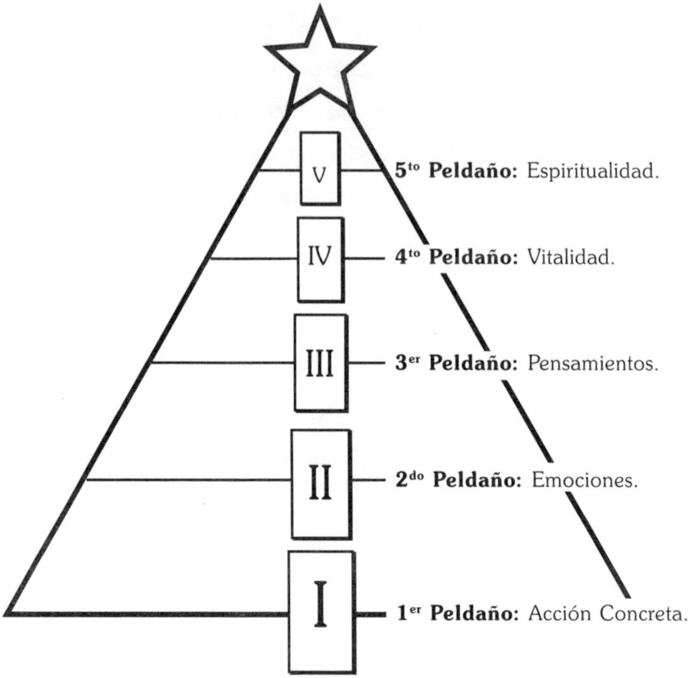

Prende la vela blanca, siempre es una señal de contacto con el Cielo.

Separa las cartas de los ángeles en cinco grupos, por color.

Verdes, Azules, Amarillos, Rojos y Blancos.

Respira profundo... Y comienza a ascender.

1er Peldaño: Acción Concreta.
Como primer paso coloca, sin darla vuelta, una de las cartas de los 12 ángeles de tierra (verdes).

2do Peldaño: Emociones.
Sitúa a un ángel de agua.

3er Peldaño: Pensamientos.
Ubica un ángel de aire.

4to Peldaño: Vitalidad.
Pon un ángel de fuego.

5to Peldaño: Espiritualidad.
Coloca un ángel blanco.

Ahora, respirando profundamente y estableciendo así un vacío energético, absorberemos las fuerzas de cada ángel mientras damos vuelta las cartas una a una.

1er Peldaño: ¡Atención! Comienza el alineamiento.
Es momento de concentrarnos en la fuerza de tierra que nos haya dado el ángel.

Paciencia y Constancia, Fe y Persistencia, Conquista y Triunfo... Uno de estos comportamientos es el que necesitamos aplicar para estabilizarnos en nuestra realidad concreta en este exacto momento de la consulta.

2do Peldaño: Ahora seguiremos subiendo.

Es el turno de ordenar nuestros sentimientos de acuerdo con la fuerza emocional angélica que nos haya tocado.

Bienestar y Alegría Interior, Perdón y Liberación, Fe y Gratitud... Alguna de estas virtudes calma completamente tus emociones. Presta atención.

Respira profundo... Lee en voz alta el nombre del ángel.

Estás protegido. Absolutamente protegido.

3er Peldaño: Tercer alineamiento. ¡Arriba!

Ahora es momento de clarificar y limpiar nuestros pensamientos.

Libertad y Desapego, Generosidad y Apertura, Calma y Equilibrio...

¿Cuál es la clave exacta que te dieron los aliados celestiales en la carta?

¡Atención!, es infalible.

Libera tu mente, vacíala. Y llénala completamente con esta fresca fuerza celeste. No dejes ningún espacio libre... Tu mente es como un recipiente que recibe y moldea todos los fluidos que entran en ella. Y la fuerza de los ángeles es un elixir divino del cual no se puede perder una gota.

4to Peldaño: ¡Vamos, vamos! Más arriba. Ahora es momento de encender tu vitalidad.

Es tiempo de potenciarte y elevar aun más tu conciencia con la especial energía de fuego que te señalen los ángeles.

¿Voluntad y Firmeza? ¿Coraje y Decisión? ¿Valor y Libertad?...

Alguno de los doce fuegos es el indicado. Enciéndelo desde adentro hasta que crezca y crezca como una hoguera de luz.

5to Peldaño: Ahora es momento de recibir una gracia especial.

Medita...

Deléitate con una de las cuatro potencias arcangélicas.

Luz y Protección Divina.
Luz y Curación Divina.
Luz y Fuerza Divina.
Luz y Amor Divino.

Una de ellas sellará tu aura contra toda sombra. Has alcanzado la altura en la que la oscuridad desaparece ante tanta luz que emana y emana desde el nivel más elevado de tu conciencia.

Juego Nº 3
Estrella de los Peregrinos

¿Qué hacer ante una encrucijada emocional...?

Necesitamos tomar una alta dosis de confianza.

Llegó el momento.

Debemos decidir.

Los caminos se bifurcan y según el movimiento que hagamos se establecerán muchas situaciones futuras. Y presentes también. Estamos haciendo el croquis de nuestra nueva vida. Los primeros trazos deben definirse ahora.

Sin embargo, sentimos que las señales no están claras. Y la intuición está dormida o confundida. ¿Qué hacer...?

Nuestros ancestros consideraban a las encrucijadas lugares mágicos y misteriosos. Sitios llenos de peligros y de oportunidades porque al llegar a ese punto del sendero una decisión mal tomada podía conducirlos por un camino equivocado... Y una buena decisión podía llenarlos de dicha.

Los peregrinos entonces se detenían y preguntaban al Cielo qué rumbo tomar.

En los principios del siglo XXI seguimos siendo eternos peregrinos y las encrucijadas emocionales continúan siendo las que más nos alteran y desorientan.

Y con cada decisión, por pequeña que sea, elegimos un rumbo y creamos un destino diferente.

El Botiquín recupera para nosotros una Estrella Mágica llamada Pentagrama. Es especial para abrir el Cielo y encontrar nuestro camino. Ya la conocían nuestros ancestros, restablezcamos ahora la conexión que inconscientemente quedó grabada en nuestros genes a través del código de la Estrella. Y volvamos a usar un conocimiento que funciona muy bien pero que en estos momentos está cayendo en el olvido. ¡Recuperemos la misma habilidad que ellos tenían y comuniquémonos directamente con el Cielo!

¿Y quién si no los ángeles te contacta tan bien con el Cielo? ¿Quién puede guiarte tan precisamente hacia la solución que buscas y tanto necesitas? Ya tenemos la Estrella, ahora invócalos, convócalos... Ahora mismo y cada vez que sea preciso, traza con rapidez la mágica Estrella de los Peregrinos. No solamente sabrás qué hacer, sino también cómo hacerlo.

FIGURA 2
ESTRELLA DE LOS PEREGRINOS

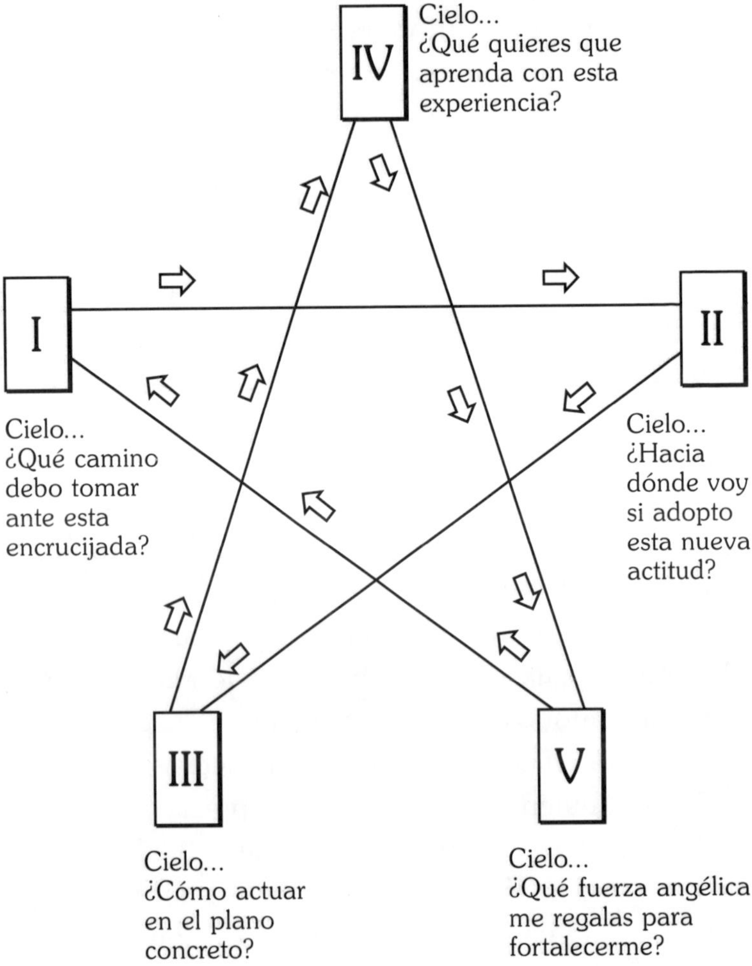

Instrucciones para tomar una decisión importante

Retírate a tu Templo de Luz.

Enciende una vela blanca.

Aquiétate.

Respira profundo.

Piensa exactamente en lo que quieres cambiar. En qué pasos dar para iniciar un nuevo camino. En alguna maravillosa realidad que quieras crear o en lo que requiere un alineamiento porque ya no puedes seguir actuando como hasta ahora.

Baraja el mazo de cartas de los ángeles pidiendo orientación.

Despliégalas boca abajo y elige cinco cartas.

De acuerdo con el trazado adjunto, delinearemos la Estrella de los Peregrinos.

El esquema te indica cómo dibujar este Pentagrama Mágico siguiendo la dirección de las flechas.

Coloca la primera carta iniciando la Estrella en la punta izquierda y sigue situándolas en el orden correspondiente hasta cerrar el dibujo en la quinta.

Luego dalas vuelta una a una como respuesta a las preguntas que figuran en cada una de sus puntas.

1. Cielo... ¿Qué camino debo tomar ante esta encrucijada?

Dar vuelta la primera carta.

Todo inicio define una dirección.

2. Cielo... ¿Hacia dónde voy si adopto esta nueva actitud?

Dar vuelta la segunda carta.

Aquí llegan noticias del futuro...

3. Cielo... ¿Cómo actuar en el plano concreto?

Dar vuelta la tercera carta.

El ángel en la punta inferior de la Estrella te dará un consejo sobre cómo debes desenvolverte en el plano más terrenal.

4. Cielo... ¿Qué quieres que aprenda con esta experiencia?

Dar vuelta la cuarta carta.

Ésta es la parte más alta de la Estrella, donde se te revela cuál es la lección espiritual oculta detrás de esta experiencia.

5. Cielo... ¿Qué fuerza angélica me regalas para fortalecerme?

Dar vuelta la quinta carta.

Éste es simplemente un obsequio. Un regalo que el ángel te da como gracia especial.

¿Cómo puedes usar este don?

Una fuerza de agua siempre te dará una cura emocional.

Una de tierra, fuerza concreta para actuar.

Una potencia de aire, liviandad para cambiar.

Una energía de fuego, ánimo para sostenerte por dentro.

Veamos cómo consultar...

Supongamos que yo hice la consulta porque debo definir qué hacer o no hacer en una situación afectiva. Tengo que tomar una decisión con respecto a alguien que no se compromete en sus sentimientos y actitudes conmigo. Así va drenando mis energías a través de este agujero emocional abierto por la indeterminación. Y me mantiene en un limbo que, como sabes, nos impide ir hacia otra dirección. Esto es muy perjudicial, ya que la parálisis es mucho más peligrosa que las consecuencias de una decisión.

Éstos son tiempos de conductas impecables. De Valor y Libertad.

Debo rescatarme.

Por lo tanto, recurro a las cartas.

Las que salieron para cada posición son:

1. Fortaleza y Resolución
2. Despreocupación y Alegría
3. Pasión y Entusiasmo
4. Concentración y Disciplina
5. Bienestar y Alegría Interior

¿CÓMO INTERPRETO ESTA ESTRELLA...?

1. Cielo... ¿Qué camino debo tomar ante esta encrucijada?

La Estrella me ayuda a conectarme con mi propia intuición, a reconocer esa parte interna que me envía en la dirección correcta pero que a veces está tapada por mis propios pensamientos y, sobre todo, por los miedos.

El camino que debo tomar ante esta encrucijada es un camino de tierra, concreto y contundente. El ángel me dice que con Fortaleza y Resolución debo definir los límites y mis propias actitudes ante esta persona. Tal vez hasta sea conveniente encontrarme frente a frente con ella. Y decirle lo que siento. Pero obtengamos un poco más de información. Veamos qué me sigue diciendo la Estrella...

2. Cielo... ¿Hacia dónde voy si adopto esta nueva actitud?

Hacia la Despreocupación y Alegría, dice mi consejero alado. Está confirmada mi decisión.

Necesito liberarme y ver cara a cara la respuesta para recuperar mi energía original.

3. Cielo... ¿Cómo actuar en el plano concreto?

O sea... ¿Cómo llevar a tierra esta decisión tomada en mi corazón?

La respuesta es definida. Yo también debo serlo. Me dice claramente: con Pasión y Entusiasmo. Un ángel de fuego me enseña cómo atreverme, cómo jugarme por mis emociones. Algo muy importante está en juego: recuperar mi vitalidad.

4. Cielo... ¿Qué quieres que aprenda con esta experiencia?

En esta posición, fundamental ante cualquier cambio, me es revelada una pista, una señal de lo que está oculto detrás de cada vivencia terrestre... Una lección espiritual: Concentración y Disciplina.

Aquí está claro lo que el ángel me señala. Debo concentrarme en lo que considero valioso en mi vida. Y tener

disciplina, una cualidad de tierra para transitar por este desafío sin que me desborden las emociones.

5. *Cielo... ¿Qué fuerza angélica me regalas para fortalecerme?*

Cada experiencia vivida a fondo me deja como saldo una potencia adicional. Algo que antes no tenía o no era una cualidad tan fuerte en mí.

En esta posición, el ángel me revelará qué cualidad celeste estoy adquiriendo como don al elegir inicialmente el camino de Fortaleza y Resolución.

En este ejemplo... Aumentará mi Bienestar y Alegría Interior por atreverme a ser quien soy, por reconocer mis propios sentimientos. Por actuar con valentía.

¿Qué puede pasar en el plano concreto al poner en práctica estas virtudes que los ancestros llamaban Dignidades?

Me fortaleceré.

¿Por qué Dignidades? Porque ya no importará tanto el resultado.

Importará haber dado, a la manera angélica, el cien por cien de mí a favor de un cambio. Esto me dignifica.

Los poderosos efectos de los

nuevos tiempos hacen que todo sea más rápido. También puedo más rápidamente aprender a trabajar con mi camino interno y llevarlo a la realidad.

Todo está más definido. Y yo también.

Quizá tenga que enfrentar las consecuencias de una decisión radical. O quizá sea mi momento para disfrutar finalmente de la situación. Me lo merezco.

Juego Nº 4
¡Ayuda!...
Estrella de solución de un problema

¡Sorprendente Estrella de cuatro puntas que soluciona inconvenientes a la manera celestial!... ¿Cómo? ¡Ayudándonos a cambiar de comportamiento!

Las Estrellas de cuatro puntas otorgan una tremenda fuerza al ser trazadas en el éter... Ordenan nuestros Cuatro Mundos: el Mundo de las Intenciones, el de las Ideas, el de los Sentimientos y el de la Acción.

Cuando algo se dificulta, debemos buscar las causas. Y es más fácil si podemos volar con los ángeles hasta el principio de toda situación e ir descendiendo por los caminos invisibles, despejando los atascamientos ocultos tras las sucesivas capas de materialización.

¡Manos a la obra!

Procedamos a alinearnos. ¿Cómo? Sustituyendo nuestro comportamiento humano por un comportamiento angélico.

FIGURA 3

ESTRELLA DE 4 PUNTAS PARA SOLUCIONAR UN PROBLEMA

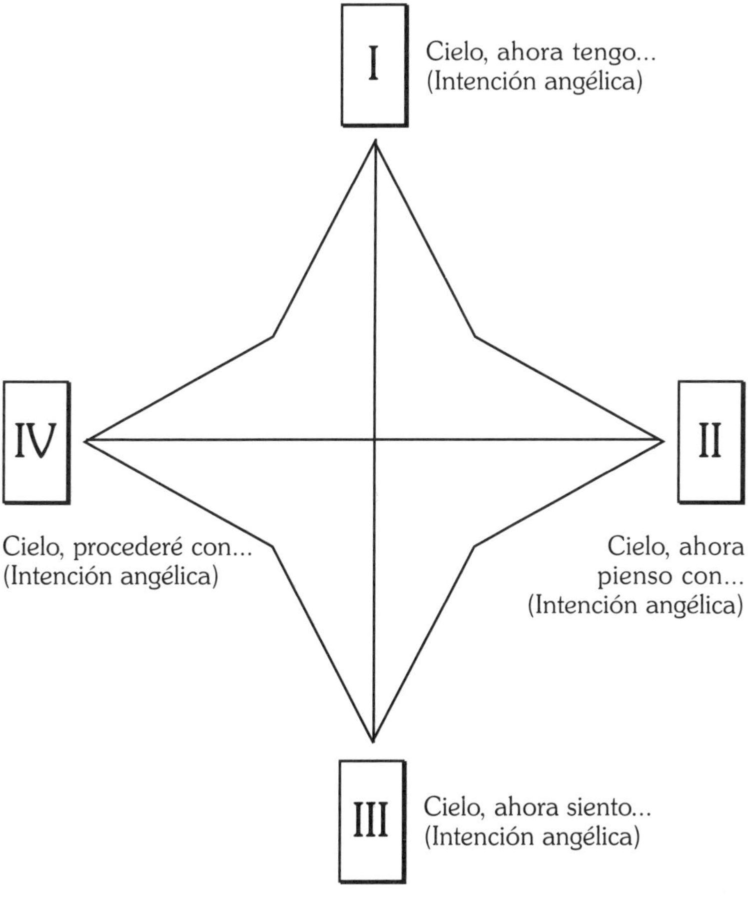

Plano por plano adquirimos una nueva intención, pensamos de otra manera, sentimos diferente... y al final aparece la acción concreta que soluciona el problema.

Instrucciones para solucionar un problema a la manera angélica

Respirar profundamente encendiendo una vela blanca.

Barajar las 52 cartas de los ángeles.

Desplegarlas delante de nosotros y elegir las cuatro que, presentimos, tienen las fuerzas que solucionarán el problema.

Colocarlas una a una en cada punta de la estrella en las posiciones I, II, III y IV de acuerdo con el dibujo y en el orden correlativo en que las sacamos.

¡Ya vienen las maravillosas indicaciones angélicas!

1. La intención.

La intención determina la dirección y la real fuerza espiritual que queremos dar a cualquier situación. Recuerda: es la columna vertebral de cada acción, de cada solución. Debemos corregir nuestras intenciones.

Al dar vuelta esta carta encontraremos la primera virtud indicada por los ángeles que debemos incorporar, la energía que puede bañarnos de luz de la cabeza a los pies. ¡Ahora mismo!

Ya mismo todas tus acciones, grandes o pequeñas, deben responder a esta intención angélica.

Repite suavemente, tal como dice en la punta más elevada de la Estrella:

Cielo, ahora tengo... (Aquí va la fuerza angélica de la carta: Fortaleza y Resolución, Humor y Juego, etc., etc.)

2. La idea.

No importa lo que hayas pensado sobre el tema hasta ahora. Éste es el momento de iluminar tu mente.

Ahora susurra: Cielo, ahora pienso con... (Intención angélica). Repítelo como un mantra.

3. El sentimiento.

Respira, siente, cálmate. Corrige tus emociones...

Un ángel ilumina tu alma con su luz. Es importante que lo dejes entrar, que le permitas el paso hasta el punto más recóndito de tu amor.

Di simplemente: Cielo, todo está bien, ahora siento... (Intención angélica).

4. La acción.

Recién ahora es posible recibir una indicación exacta de lo que tienes que hacer. Al dar vuelta esta carta aparecerá la actitud concreta que los ángeles te aconsejan adoptar de ahora en más.

Ésta es la solución.

Cielo, procederé con... (Intención angélica).

Medita profundamente sobre el significado de esta frase como solución a tu problema. Repítela tres, seis, nueve, noventa y nueve veces, hasta que sientas que la comprendes, y luego actúa en consecuencia.

Ésta es la exacta indicación angélica para arreglar tu problema.

Te recomiendo no actuar precipitadamente, repasar las indicaciones anteriores una a una y convertirte en un centro de paz, en un refugio seguro en medio de cualquier tormenta.

Juego Nº 5
Mirar el mundo como lo mira un ángel

Si necesitamos expandirnos y aumentar nuestro nivel de conciencia...

Si dudamos... O necesitamos una orientación inmediata...

Si deseamos ardientemente establecer una nueva realidad para mudarnos a ella... ¡El Botiquín tiene un tratamiento especial!

Las instrucciones son: *Detenerse, cambiar el punto de vista, mirar el mundo como lo mira un ángel y actuar en consecuencia.*

Veamos... ¿Cómo será mirar el mundo como lo hace un ángel?

La mirada de un ángel transforma todas las realidades, las desdramatiza y las hace simples. Es enternecedor recordar que las criaturas celestes son una sola cosa: Luz.

Es por eso que nuestro mundo actual, tan variable y tan extraño debido al cambio profundo que está aconteciendo, necesita miles, millones de esas miradas celestiales proyectando claridad.

Urge aprender a ver como ve el ángel. Filtrando lo que entra por nuestros ojos y creando un nuevo mundo a través de una mirada concentrada en la Luz. Con este juego nos transformamos en verdaderos magos del siglo XXI que operan desde el Reino Invisible, Intangible, Esencial.

Hay que probarlo. Si cerramos los ojos y pedimos una mirada de ángel... sobreviene algo asombroso. Se produce una dulce tregua, una pausa que nos permite reunir nuestras fuerzas y avanzar luego con renovada energía.

Por supuesto, da un cierto trabajo construir la nueva mirada de estilo angélico. Es probable que nos cueste salir de la marea colectiva que nos presenta un mundo uniforme moldeado por un solo punto de vista. Pero observando nuestro Universo una y otra vez con ojos nuevos, en un momento dado aparece, detrás del miedo y del dolor, un mundo claro y deslumbrante que responde a un orden perfecto.

Recordemos que un ángel no ve problemas sino la solución que Dios tiene para cada circunstancia.

Así hace posible transformar brazos en alas...

Sueños en realidad.

Viejos hábitos en nuevos comportamientos.

Instrucciones para mirar como un ángel

Haz una pausa.

Entra a tu Templo de Luz.

Enciende una vela blanca.

Rodéate con el círculo impenetrable de energía divina.

Cierra los ojos para dejar de tener la visión habitual, respira profundo y quédate por unos minutos en silencio...

Ten a mano el mazo de cartas de los ángeles y, con los ojos cerrados al mundo viejo, pide al ángel que te dé una mirada nueva.

Baraja las cartas sintiendo la fuerza, el calor de las virtudes angélicas hasta que percibas una señal. Una baraja que vibra diferente, que se pega a tu mano, que tiene un secreto. Como si te estuviera llamando...

Abre los ojos lentamente y mira el mundo con la potencia de ese ángel que se posó, justamente, en tu mano.

Ahora comienza la maravilla.

¡Sólo la fuerza espiritual nos hace vivir intensamente!

ÁNGEL DE FUEGO

¿Cómo ver el mundo tal cual lo ve un ángel de fuego?

El mundo es palpitante, ardiente, todo está en movimiento.

Todo vibra con Pasión y Entusiasmo, la vida es Brillo y Creatividad, las cosas tienen Dirección y Propósito.

¿Independencia y Audacia? Éstas son las visiones habituales para quienes aprenden a percibir la vida con ojos de fuego.

Las miradas de fuego queman todo lo denso, alejan los miedos, despejan la confusión y encienden tu mundo con la energía de Dios. ¡Anímate a mirar así!

¿Qué visión fogosa recibiste en la carta?

Practícala durante todo el día.

Sé como una antorcha de luz.

Mira con la fuerza de un dragón guerrero.

ÁNGEL DE AIRE

¿Cómo ver el mundo tal cual lo ve un ángel de aire?

El mundo es fresco, alegre, despreocupado. Con esta visión se hace fácil elevarse sobre las preocupaciones, sobre las limitaciones. Y se puede volar alto, muy alto, más alto que toda mediocridad que —como tú bien sabes— no vuela. Se amarra a la tierra y es como la estatua que sólo representa un pájaro, pero con alas de bronce.

Tú necesitas vivir con alas verdaderas...

Muévete en el espacio, ejercita las etéreas visiones, mira con Despreocupación y Alegría, con Belleza y Perfección, con Claridad y Armonía.

Vuélvete liviano, aéreo, sutil.

¡Libérate!

ÁNGEL DE AGUA

¿Cómo ver el mundo tal cual lo ve un ángel de agua?

Con ojos tiernos, sensibles y compasivos... El mundo visto con los ojos de un ángel de agua es dulce, puro, fértil. Y, sobre todo, fluido. Su luz entra en cada cauce de vida y termina por modificarlo para que tenga la belleza inmutable de un gran lago o decida encontrar la sa-

lida al mar y fusionarse con un agua mucho más amplia.

Observa tu existencia con una visión oceánica, transparente, segura, pura...

Enfócate en lo que te da Seguridad y Confianza, Ternura y Protección Angélica.

O contempla tu vida con Fe y Aceptación.

Aprende a limpiar tu propio mundo con una mirada acuática.

¿Qué ves ahora? ¿Elegirás navegar en la imponencia del Gran Lago o prefieres la curiosidad del Gran Río? Ensaya tu decisión.

ÁNGEL DE TIERRA

¿Cómo ver el mundo tal cual lo ve un ángel de tierra?

Fuerte, seguro y concreto. Cuando un ángel de tierra te presta su mirada ves lo que en tu mundo hay de mágico, de estable y de fecundo.

Aprende a mirar con Paz y Estabilidad, Concentración y Disciplina, Plenitud y Abundancia. Siente la fuerza del plano de la acción, la maravilla del Universo manifiesto en el que nos movemos todos los días...

Disfruta. Estás aquí. Aquí, aquí, aquí, aquí...

Juego Nº 6
Cielo, ¿qué quieres de mí...?

Para aumentar mil veces nuestra energía, es urgente alinear nuestras intenciones con las intenciones del Cielo.

Cielo, ¿qué quieres de mí...?

Esta simple pregunta mueve poderosas fuerzas en el Universo.

Al escuchar atentamente la respuesta, transformamos nuestra pequeña intención humana en la Gran Intención del Cielo.

La intención es el centro de toda vida consciente. Son nuestras intenciones las que crean el destino.

Y sobre todo en estos tiempos es urgente cambiar nuestro punto de vista y disolver el arraigado concepto de que "La Vida es sólo una lucha de opuestos". Es apremiante y es audaz, pero impostergable, dar el con-

fiado salto hacia la simplicidad y comprender que... "La Vida es un Juego, y hay un solo vencedor: Dios".

El juego en el que estamos inmersos se disfraza de mil maneras y es antiguo como el mundo.

Porque entre la Luz y la sombra hay un secreto. Sin sombra, no reconoceríamos la Luz. Sin miedo, no sabríamos qué es el amor. Sin haber conocido la esclavitud, no anhelaríamos la liberación.

En el Botiquín encontramos una inteligente forma de salirnos de los opuestos sin salirnos del apasionante juego de vivir: dejar que siempre gane Dios.

Por eso es bueno, frecuentemente, con razón o sin ella, preguntar al Cielo... ¿Qué quieres de mí?

Y si no entiendes qué está sucediendo en tu vida o por qué acontecen ciertas cosas... pregunta. Hay una razón, el Cielo quiere que con esa experiencia aprendas una virtud. Que adquieras una fuerza nueva.

Pregunta como lo haría un hijo que espera un consejo, una señal...

Toma el mazo de cartas y cerrando los ojos busca con toda inocencia y disponibilidad, como un niño del Cielo que eres, alinear tu pequeña voluntad con la gran voluntad de Dios.

¿Cómo lo harás?

Practicando una y otra vez una Dignidad, como dirían los antiguos. Un comportamiento valeroso, compasivo, impecable, sólo porque te lo pide el Cielo.

Elige una sola carta.

Cielo, ¿qué quieres de mí...?

Abre los ojos y recibe la respuesta.

Juego Nº 7
Estrella de Cumpleaños

¿Existe una estrella para espiar el destino desde el punto de vista angélico? Ahora lo veremos.

Las doce hadas de la Bella Durmiente repartieron sus dones y maravillas apenas nació aquella pequeña princesa. Ahora bien, la número trece apareció sin ser invitada... ¿Quién era ella en realidad? Era la representante de todos los obstáculos que el destino iba a colocar en el camino de la princesita desafiándola a vencerlos...

Pero la Bella Durmiente estaba preparada, ya había recibido los doce dones de las hadas para contrarrestar todas las interferencias.

Esta historia vuelve a repetirse para nosotros año tras año en el aniversario de nuestro nacimiento. El Tiempo Mítico entra a raudales en el Tiempo Cronológico de nuestras vidas en el misterioso día de nuestro Cumpleaños...

Literalmente, en este día, renacemos. Y se nos da una potente oportunidad para reacomodar las fuerzas benéficas de nuestro destino con ayuda de los ángeles y vencer con ellos todos los obstáculos que nos legó aquella molesta número trece.

Si encendemos la estrella de doce puntas, las hadas —amigas íntimas de los ángeles y sus parientes directas al punto que ellas también tienen alas— asimismo se harán presentes, activando junto con los ángeles nuestro destino de Luz.

En ese día prodigioso, el de nuestro Cumpleaños, estamos sentimentales y conmovidos...

Necesitamos más que nunca sentir cariño, amistad, compañía... ¿Verdad?

Hacer esta ceremonia invitando a participar en nuestro Cumpleaños a los ángeles que tanto nos conocen y cuidan es un gesto de cortesía que será muy apreciado por las criaturas invisibles. Ellos están muy pendientes de nosotros aunque no siempre podamos verlos.

¡Adelante!

Encendamos la estrella.

FIGURA 4

ESTRELLA DE CUMPLEAÑOS

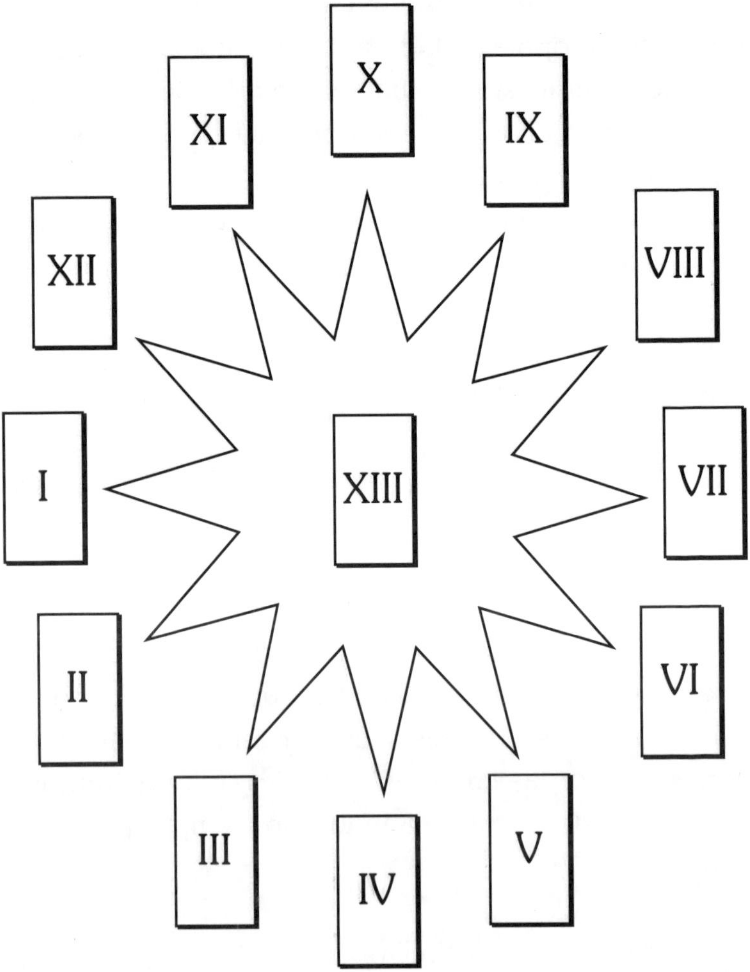

Ceremonia

Busca un momento de sagrada soledad.

Retírate a tu Templo Privado.

Enciende una vela blanca y un incienso de laurel para la victoria.

Rodéate de un círculo protector de Potestades, la guardia angélica especial para momentos fuertes.

Respira profundo y siente hasta lo más recóndito de ti que quieres florecer, vivir, sentir, renovarte... En ese exacto instante se consuma mágicamente un estremecedor nacimiento.

El tuyo...

¡Pero esta vez bajo la plena luz de tu espíritu!

Ahora, con toda la emoción que te despertará esta ceremonia, convoca a trece ángeles para que enciendan nuevamente tu destino de estrella. ¡Una intensa estrella de doce puntas! Más un misterioso aliado.

El ángel que se pose en el centro, el número trece, será quien te dé la clave, la virtud angélica para contrarrestar todas las dificultades y los obstáculos que intenten oponerse a tu destino de luz durante este año.

La Estrella comienza con el mes

de tu nacimiento y termina en el último mes previo a tu nuevo Cumpleaños.

Barajando lentamente el mazo de los 52 ángeles, comienza ahora a posarlos uno a uno en cada punta de la Estrella, empezando por la primera (señalada como I, en números romanos).

Sigue con la II, la III, la IV, hasta completar las doce.

Ahora haz una pausa, respira profundamente...

Cierra tus ojos, toma la carta clave y colócala en el centro de la Estrella.

Interpretación

Comienza dando vuelta la primera carta. ¿Cuál es la potencia que te dieron los ángeles para empezar este nuevo año mágico?

La fuerza de los inicios es muy poderosa. De alguna forma marcará una tendencia para todo el ciclo.

Tenla presente.

Mira los acontecimientos con los ojos de este ángel. Actualiza esta virtud en tu comportamiento y hazla parte de ti, como una ofrenda a la Luz.

El siguiente ciclo mágico comienza en el mismo día de tu nacimiento, pero en el próximo mes.

Recuerda en ese día volver a consultar cuál es el ángel Guía para ese segmento de tiempo cronológico.

Hay una alianza estratégica muy fuerte, tú y el ángel. Tú y las hadas de tu nacimiento. Tú y el misterio.

Acabas de construir una asombrosa guía para renacer todos los meses a partir de tu próximo Cumpleaños. Ella te orientará cada 30 días y durante todo el año.

Balance mágico

Cuenta la cantidad de ángeles de fuego (rojos), de aire (amarillos), de agua (azules), de tierra (verdes) o de la Gracia Especial (blancos) que tienes para este año.

Los que resulten mayoría te señalarán la vibración predominante.

UN AÑO DE FUEGO...

Será de inicios y sorpresas. Un año intenso, apasionado, imprevisible, creativo. Y muy espiritual, porque todos los ángeles pertenecen genéricamente al elemento fuego por provenir directamente del Cielo.

UN AÑO DE AIRE...

Será de vientos frescos, ideas nuevas, gran libertad

y amplitud de criterios. Mucha alegría y total renovación en tus formas habituales de pensar.

UN AÑO DE AGUA...

Será un año dedicado a los sentimientos y al amor. Tus visiones espirituales se profundizarán. Buscarás purificarte, equilibrarte... Y lo lograrás.

UN AÑO DE TIERRA...

Será un año de concreciones, de potencia para materializar, de fertilidad. Especial para tu afirmación personal.

UN AÑO DE GRACIA ESPECIAL ACOMPAÑADO POR 4 ARCÁNGELES...

Será un año místico. Un año de ensueños. Indescriptible y estremecedor. Se despertarán tus visiones más profundas. Y será la oportunidad para encontrar todas las maravillas.

Recuerda que el ángel del centro de la Estrella es quien te da la fuerza para atravesar todas las dificultades y las trabas del destino. Aquellas que no dependen de tu comportamiento sino del misterio.

¡Éste es Tu Día!

Levantamos todos las copas a tu salud, quienes somos visibles y quienes no. Y brindamos por ti.

Ojalá que éste sea el mejor regalo que recibas y el mejor regalo que puedas obsequiar a tus amigos.

¡FELICIDADES!

Y con este juego cerramos el Botiquín Angélico y la nueva versión de *Jugando con los ángeles*, con su Cajita para guardar las Cartas y el Libro. Una Cajita diseñada de una manera secreta. Al abrirla, se abren a su vez recónditas y misteriosas puertas y entra una bocanada de Cielo. Trayendo noticias de mundos encantados, de ángeles y de alquimistas, de mágicas aldeanas, de unicornios y derviches danzando bajo una lejana luna llena. De maestros Cabalistas entrenando a rebeldes Conspiradores del siglo XXI en secretos refugios situados exactamente bajo las calles de nuestra propia ciudad.

¿Te gustaría conocerlos?...

Entonces, da vuelta la página.

Ellos aguardan tu visita y tu presencia.

Mensaje especial para los Peregrinos de la Web

¡Conspiradores del Espíritu!, ésta es la contraseña:

www.haniaescribe.com

Con ella se abre el CASTILLO MÁGICO
y todos sus recintos:

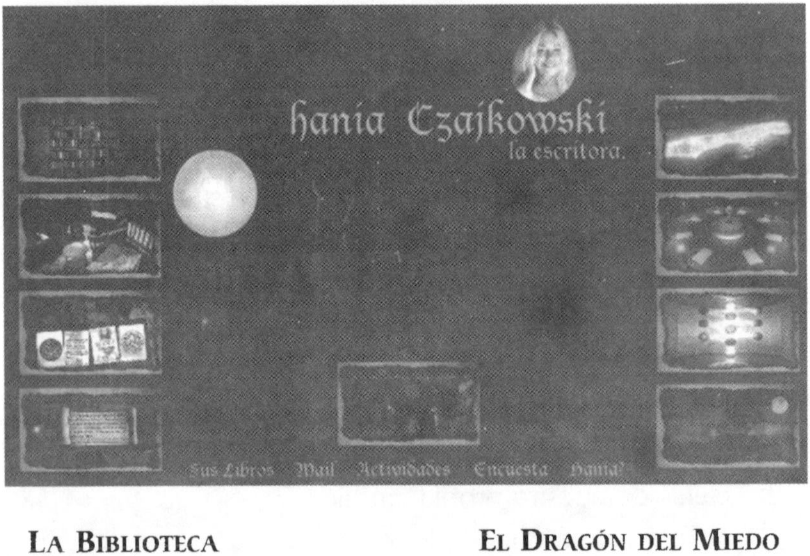

LA BIBLIOTECA

EL LABORATORIO DEL ALQUIMISTA

LAS CARTAS DE LOS ÁNGELES

EL ESCRITORIO DE HANIA

EL DRAGÓN DEL MIEDO

LA ASAMBLEA MÁGICA

LOS COMANDOS DE CONCIENCIA

LA CARAVANA DE LOS MAESTROS

Entra al poderoso LABORATORIO DEL ALQUIMISTA. Sigue los pasos de una misteriosa CARAVANA DE MAESTROS. Participa de una ASAMBLEA MÁGICA y visita al temible DRAGÓN DEL MIEDO, que te dará nuevas claves para liberarte de él. Lee los más atrapantes párrafos de las novelas de HANIA y juega con los ÁNGELES.

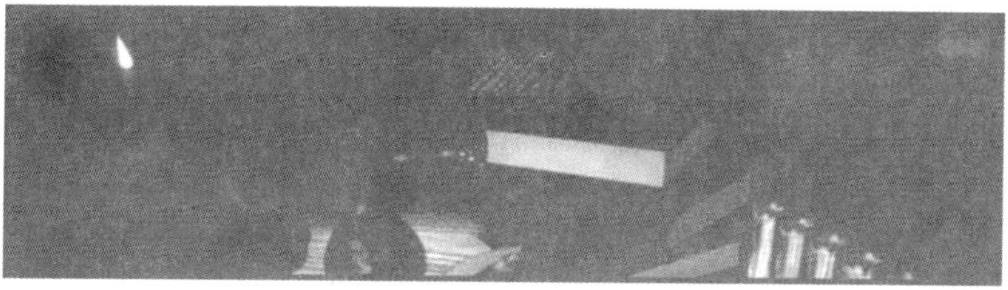

¡Éste es el acceso directo al LABORATORIO DEL ALQUIMISTA!

Un click aquí y aparecen todos los rincones de su espacio secreto y muchas nuevas fórmulas. Por ejemplo, cómo limpiar tu mirada y cambiar tu visión sobre el mundo... en sólo tres lunas nuevas. Entrando al Libro Mágico del Alquimista, hasta podrás enviarle un pedido por e-mail... ¡Y recibir su respuesta!

Ante una duda, ante un problema, día a día, consulta la CARAVANA DE LOS MAESTROS. Amir el Alquimista, María de Varsovia, Gabriel y todos los sabios Maestros que conociste en la novela te esperan con los más comprensivos y valiosos consejos que sólo ellos saben dar.

Hania Czajkowski

Escritora, Arquitecta, Investigadora de Religiones Comparadas, Alquimia, Mitología, Simbología, Angelología, Cábala y Arquitectura Sagrada.

Hania Czajkowski es una de las pocas escritoras argentinas traducida a muchas otras lenguas. Su primer libro, *Jugando con los ángeles*, circula en España y en más de 20 países de América. Con más de 300.000 copias vendidas y 27 ediciones ininterrumpidas, es considerado un *best-seller* y un clásico sobre el tema ángeles. Las cartas son consultadas por infinidad de grupos espirituales, psicólogos, tarotistas, consultores y terapeutas.

Pero Hania es sobre todo una fuerte novelista.

De su original serie de Novelas Espirituales, el sello Grijalbo del grupo editorial Random House Mondadori ha publicado para toda el habla hispana *La conspiración de los alquimistas*, su primera novela, y *La victoria de la conspiración*, la segunda.

Su obra ha sido traducida a varios idiomas, sus libros circulan en Francia, Estados Unidos, Alemania y Brasil.

SOBRE LA AUTORA

A causa de su trayectoria internacional como escritora, Hania Czajkowski ha tenido una continua participación en medios televisivos, radiales y gráficos en varios países de América. Y es considerada la más seria investigadora en el tema de los ángeles, y es una profunda estudiosa de la alquimia y la Cábala.

En su faz de arquitecta ha diseñado instalaciones con experiencias vivenciales relacionadas con los temas espirituales de sus libros.

VIAJES E INVESTIGACIONES

Hania Czajkowski ha viajado a la Polinesia, Asia, África, Brasil y muchos otros lugares de nuestro planeta buscando los secretos del mundo oculto, la magia y la aventura espiritual. Al mismo tiempo, por su formación de arquitecta, se ha dedicado a conducir investigaciones sobre los símbolos y contenidos de las religiones antiguas, danzas, arquitectura y arte de remotos lugares. Estudió profundamente los ángeles desde la perspectiva teológica, la artística y la simbólica.

Investigó especialmente los secretos ocultos en las catedrales construidas por los alquimistas medievales en Europa, y también los misterios de los templos paganos, por ejemplo, el dedicado a Afrodita en Chipre. Entre otros, ha realizado estudios sobre Notre Dame, Santiago de Compostela, Czestochowa, Fátima, los antiguos monasterios de Chipre y las cavernas-templo de Capadocia en Asia. También ha estudiado las tradiciones y los poderes especiales atribuidos a seres mágicos como hadas, duendes, sirenas y salamandras. Y ha recibido de muy sabios maestros profundas enseñanzas de la sagrada tradición de la Cábala.

Ángeles, Conspiración, Comandos de Conciencia, Victoria Espiritual son las convocantes propuestas de Hania para conocer una nueva vida. Más libre, más fresca, absolutamente mágica y, sobre todo, llena de asombro. Y ése es precisamente su estilo personal y literario, donde el lector se transforma en el principal protagonista de una gran aventura espiritual.

EDICIONES

En español

Jugando con los ángeles (1995), con 27 ediciones (la más reciente en 2003). Publicado por la editorial Sirio para España y toda América latina y por Grijalbo para la Argentina, Perú, Chile y Uruguay.

La conspiración de los alquimistas (1998), con cinco ediciones (la más reciente en 2003). Editado por Grijalbo para España y América.

La victoria de la conspiración (2001). Publicado por Grijalbo para España y América latina.

En portugués

Brincando com os Anjos (1995), con 5 ediciones, reeditado en 2001 por la editorial Madrás.

En alemán

Mit Engeln Spielen (1996), con 10 ediciones, reeditado en 2002 por Crista Falk Verlag.

En francés

Comment dialoguer avec votre Ange Gardien (1996), con 10 ediciones, reeditado en 2002 por Hachette, Filipacchi.

En inglés

Playing with the Angels (1997), editado por Celestial Connection Inc.

En sus viajes y presentaciones en muchos lugares del mundo, Hania convoca a sus lectores con sus originales "Charlas-Café" para dulcificar la vida. Son cálidos encuentros de dos o tres horas para compartir el crecimiento espiritual y conocer a la gente que ama lo mismo que uno. Allí se comparten bellísimas imágenes, fascinantes historias, conocimientos clave y fuertes herramientas espirituales para nuestros tiempos.

www.haniaescribe.com

En el año 2002 Hania, Alberto Zubiaguirre, director de Arte de Iesfera.com, más un talentoso equipo de diseñadores y programadores de avanzada proyectaron www.haniaescribe.com.

Esta original aventura gráfica en tres dimensiones es interactiva e informativa y está diseñada en base a los temas y los climas de los libros de Hania.

Esta lograda puesta en escena de sus libros, la presencia sutil de sus personajes y la refinada estética del sitio asombran y encantan a los navegantes de la Web.

Contacto con la autora:

info@haniaescribe.com

ÍNDICE

Parte 3
LOS MENSAJES

BOTIQUÍN DE PRIMEROS AUXILIOS ANGÉLICOS

PLENITUD
Y
ABUNDANCIA

SEGURIDAD
Y
CONFIANZA

FUERZA Y
PODER
INTERIOR

ALEGRIA
Y
RENACIMIENTO

Hecho el depósito que marca la ley 11.723

PLENITUD
Y
ABUNDANCIA

INTEGRA LA EDICIÓN DE JUGANDO CON LOS ÁNGELES

Hecho el depósito que marca la ley 11.723

CALMA
Y
EQUILIBRIO

INTEGRA LA EDICIÓN DE JUGANDO CON LOS ÁNGELES

Hecho el depósito que marca la ley 11.723

CLARIDAD
Y
ARMONIA

CORAJE
Y
DESICION

DIRECCION
Y
PROPOSITO

OPTIMISMO
Y
ESPERANZA

EXPANSION
Y
ALEGRIA

INTEGRA LA EDICIÓN DE JUGANDO CON LOS ÁNGELES

INDEPENDENCIA
Y
AUDACIA

LUZ Y
CURACION
DIVINA

INTEGRA LA EDICIÓN DE JUGANDO CON LOS ÁNGELES

Hecho el depósito que marca la ley 11.723

DELEITE
Y
PLACER

INTEGRA LA EDICIÓN DE JUGANDO CON LOS ÁNGELES

Hecho el depósito que marca la ley 11.723

CONCENTRACION
Y
DISCIPLINA

INTEGRA LA EDICIÓN DE JUGANDO CON LOS ÁNGELES

PAZ
Y
ESTABILIDAD

BIENESTAR Y
ALEGRIA
INTERIOR

INTEGRA LA EDICIÓN DE JUGANDO CON LOS ÁNGELES

Hecho el depósito que marca la ley 11.723

FE
Y
ACEPTACION

INTEGRA LA EDICIÓN DE JUGANDO CON LOS ÁNGELES

Hecho el depósito que marca la ley 11.723

DESPREOCUPACION
Y
ALEGRIA

INTEGRA LA EDICIÓN DE JUGANDO CON LOS ÁNGELES

Hecho el depósito que marca la ley 11.723

DULZURA
Y
SERENIDAD

HUMOR
Y
JUEGO

INTEGRA LA EDICIÓN DE JUGANDO CON LOS ÁNGELES

Hecho el depósito que marca la ley 11.723

VERDAD
Y
JUSTICIA

SEGURIDAD
Y
AUTOESTIMA

INTEGRA LA EDICIÓN DE JUGANDO CON LOS ÁNGELES

Hecho el depósito que marca la ley 11.723

LUZ Y
PROTECCION
DIVINA

INTEGRA LA EDICIÓN DE JUGANDO CON LOS ÁNGELES

Hecho el depósito que marca la ley 11.723

CONQUISTA
Y
TRIUNFO

FE
Y
PERSITENCIA

LIMPIEZA
Y
RENOVACION

FUERZA Y
MAGIA
ANGELICA

SABIDURIA
Y
COMPRENSION

LIBERTAD
Y
DESAPEGO

INTEGRA LA EDICIÓN DE JUGANDO CON LOS ÁNGELES

Hecho el depósito que marca la ley 11.723

TERNURA Y
PROTECCION
ANGELICA

PERDON
Y
LIBERACION

INTEGRA LA EDICIÓN DE JUGANDO CON LOS ÁNGELES

Hecho el depósito que marca la ley 11.723

FE
Y
ESPERANZA

INTEGRA LA EDICIÓN DE JUGANDO CON LOS ÁNGELES

Hecho el depósito que marca la ley 11.723

GENEROSIDAD
Y
APERTURA

INTEGRA LA EDICIÓN DE JUGANDO CON LOS ÁNGELES

Hecho el depósito que marca la ley 11.723

BRILLO
Y
CREATIVIDAD

INTEGRA LA EDICIÓN DE JUGANDO CON LOS ÁNGELES

Hecho el depósito que marca la ley 11.723

LUZ Y
FUERZA
DIVINA

INTEGRA LA EDICIÓN DE JUGANDO CON LOS ÁNGELES

Hecho el depósito que marca la ley 11.723

FE
Y
DETERMINACION

INTEGRA LA EDICIÓN DE JUGANDO CON LOS ÁNGELES

FORTALEZA
Y
RESOLUCION

FE
Y
GRATITUD

CALMA
Y
PAZ INTERIOR

INTEGRA LA EDICIÓN DE JUGANDO CON LOS ÁNGELES

Hecho el depósito que marca la ley 11.723

IMPULSO
Y
ENERGIA

INTEGRA LA EDICIÓN DE JUGANDO CON LOS ÁNGELES

Hecho el depósito que marca la ley 11.723

VALOR
Y
LIBERTAD

LUZ Y
AMOR
DIVINO

TRANSMUTACION
Y
CAMBIO

PASION
Y
ENTUSIASMO

INTEGRA LA EDICIÓN DE JUGANDO CON LOS ÁNGELES

Hecho el depósito que marca la ley 11.723

VOLUNTAD
Y
FIRMEZA

INTEGRA LA EDICIÓN DE JUGANDO CON LOS ÁNGELES

Hecho el depósito que marca la ley 11.723

DICHA Y
PLENITUD
INTERIOR

BELLEZA
Y
PERFECCION

INTEGRA LA EDICIÓN DE JUGANDO CON LOS ÁNGELES

Hecho el depósito que marca la ley 11.723

CONFIANZA Y
ENERGIA
POSITIVA

PUREZA
Y
HUMILDAD

PACIENCIA
Y
CONSTANCIA

ORDEN
Y
CLARIDAD

INTEGRA LA EDICIÓN DE JUGANDO CON LOS ÁNGELES

Hecho el depósito que marca la ley 11.723

AMOR
Y
ALEGRIA

INTEGRA LA EDICIÓN DE JUGANDO CON LOS ÁNGELES

YO SOY EL ANGEL ENVIADO POR EL CIELO PARA PROTEGERTE Y ALEJAR LO NEGATIVO. NADA PUEDE PERTURBARTE PORQUE MI ESCUDO DE LUZ TE DEFIENDE, CON LA FUERZA DE ....

INTEGRA LA EDICIÓN DE JUGANDO CON LOS ÁNGELES

Hecho el depósito que marca la ley 11.723

YO SOY EL ANGEL QUE ESTA JUNTO A TI PARA AYUDARTE EN TU SITUACION ACTUAL. CONFIA... TE DOY LA ENERGIA QUE MAS NECESITAS, CONFIA... ES BUENO TENER AYUDA DEL CIELO, SIGUE MI CONSEJO. ACTUA CON...

INTEGRA LA EDICIÓN DE JUGANDO CON LOS ÁNGELES

Hecho el depósito que marca la ley 11.723

YO SOY EL ANGEL
QUE BAJA PARA ANUNCIARTE LA LLEGADA DE UNA VIDA NUEVA, CREATIVA, LLENA DE LUZ Y MAGIA. TE TRAIGO FUEGO DE ESTRELLAS PARA LOGRARLA.
TE TRAIGO.........................

INTEGRA LA EDICIÓN DE JUGANDO CON LOS ÁNGELES

Hecho el depósito que marca la ley 11.723

YO SOY EL ANGEL
QUE BAJA CUANDO TU
CORAZON ESTA HERIDO,
CALMA...
TOMA MI ENERGIA.
SIENTE...
TE ENVUELVO CON MIS
ALAS AMOROSAMENTE,
CURANDOTE CON...........

SOY EL ANGEL
QUE TE DA...
BUENA SUERTE ¡AHORA DECIDETE A SER FELIZ Y NADA NI NADIE LO PODRA IMPEDIR!
TE DOY LA LUZ MAS NECESARIA PARA LOGRARLO.
TE DOY.................................

INTEGRA LA EDICIÓN DE JUGANDO CON LOS ÁNGELES

Hecho el depósito que marca la ley 11.723

YO SOY EL ANGEL
QUE VIENE A TI PARA LIBERARTE DE LAS PREOCUPACIONES. ¡ARROJATE EN MIS BRAZOS Y AFLOJATE!
VEN... TE ESPERO CON MIS ALAS EXTENDIDAS PARA DARTE MI ENERGIA .
VEN... ¡ABRAZAME!
ACEPTA VIVIR CON ....

INTEGRA LA EDICIÓN DE JUGANDO CON LOS ÁNGELES

Hecho el depósito que marca la ley 11.723

YO SOY EL ANGEL
QUE BAJA PARA AD-
VERTIRTE QUE TIENES
QUE ACTUAR Y DECIDIR
RAPIDAMENTE...
TE DOY ESTE CONSEJO
ANGELICO: CALMATE...
TODO IRA BIEN,
SI PROCEDES CON............

INTEGRA LA EDICIÓN DE JUGANDO CON LOS ÁNGELES

Hecho el depósito que marca la ley 11.723

YO SOY EL ANGEL ENVIADO PARA DARTE UNA LUZ PODEROSA. LA NECESITAS PUES SE APROXIMAN GRANDES CAMBIOS EN TU VIDA... PREPARATE... ¡VIENE ALGO MUY NUEVO! CONFIA... ACTUA CONMIGO.

YO TE DOY.........

INTEGRA LA EDICIÓN DE JUGANDO CON LOS ÁNGELES

Hecho el depósito que marca la ley 11.723

YO SOY EL ANGEL
QUE TE AYUDA A
CONFIAR.
PRUEBA...
TE SOSTENGO EN MIS
BRAZOS. SUELTATE...
¿SIENTES EL PLACER DE
TENER PROTECCION DEL
CIELO?
AHORA SI ACTUA CON....

INTEGRA LA EDICIÓN DE JUGANDO CON LOS ÁNGELES

Hecho el depósito que marca la ley 11.723

YO SOY EL ANGEL
QUE BAJA PARA ACONSE-
JARTE... DEBES AQUIE-
TARTE Y REFLEXIONAR.
ESPERA... ES PRECISO
QUE HAGAS UNA PAUSA.
TE DOY LA ENERGIA QUE
ILUMINA LA SITUACION.
AHORA ES ADECUADO
PROCEDER CON...............

INTEGRA LA EDICIÓN DE JUGANDO CON LOS ÁNGELES

Hecho el depósito que marca la ley 11.723

YO SOY EL ANGEL
QUE ESTA CERCA DE TI
PARA DARTE LUZ Y ALIVIO.
AHORA SE RESUELVE,
POR FIN, ESE PROBLEMA
QUE TE PREOCUPA. VINE
PARA DARTE UN CONSEJO,
LO MEJOR QUE PUEDES
HACER ES ACTUAR CON...

Hecho el depósito que marca la ley 11.723

YO SOY EL ANGEL QUE ALEJA EL DESAMPARO Y LA SOLEDAD. DEJAME ENTRAR A TU VIDA... ¿SIENTES EL ALIVIO DE TENER PROTECCION DEL CIELO?

¡TE ESTOY DANDO UNA FUERZA PODEROSA...!

TE DOY.................................

INTEGRA LA EDICIÓN DE JUGANDO CON LOS ÁNGELES

YO SOY EL ANGEL
QUE TE DA FUERZA
Y ENERGIA SECRETA
PARA ACTUAR. RESPIRA
HONDO... Y TOMA LA
LUZ ESPECIAL PARA
ESTE MOMENTO.
PUEDES AVANZAR...
TIENES MI AYUDA...
EL CIELO ME ENVIA CON...

INTEGRA LA EDICIÓN DE JUGANDO CON LOS ÁNGELES

YO SOY EL ANGEL
QUE BAJA PARA TRAERTE
LUZ ¡BASTA DE TRABAS!
CUANDO TOMES ESTA
DECISION...
POR FIN VENDRA LO
NUEVO.
TE INVITO A VIVIR CON...

INTEGRA LA EDICIÓN DE JUGANDO CON LOS ÁNGELES

Hecho el depósito que marca la ley 11.723

YO SOY EL ANGEL QUE DESCIENDE PARA ENTREGATE UN PODER EXTRAORDINARIO: ¡UN FUEGO...QUE YA ESTA ENCENDIENDO TU MIRADA!...

SIENTE LA FUERZA DE TENER..................................

INTEGRA LA EDICIÓN DE JUGANDO CON LOS ÁNGELES

Hecho el depósito que marca la ley 11.723

YO SOY EL ANGEL
QUE BAJA PARA CALMAR
TUS ANTIGUOS MIEDOS.
¿SIENTES...? YO TE CURO
POR DENTRO LLENANDO
TU CORAZON CON
MI ENERGIA. RESPIRA
HONDO... AHORA TIENES
MI AYUDA, TODO IRA BIEN
SI ACTUAS CON...

YO SOY EL ANGEL QUE DESCIENDE PARA DESPERTARTE PUES NUEVAS ENERGIAS ESTAN ENTRANDO A TU VIDA PARA LLENARLA DE LUZ. ¿VIENES A LA NUEVA VIDA?.... DEJA LA ANTIGUA Y RECIBE ESTE DON DEL CIELO. COMIENZA A VIVIR CON.......................

INTEGRA LA EDICIÓN DE JUGANDO CON LOS ÁNGELES

Hecho el depósito que marca la ley 11.723

YO SOY EL ANGEL QUE BAJA PARA AYUDARTE A RENACER... RESPIRA PROFUNDO... ¿SIENTES COMO TU CORAZON LATE CON FUERZA? AHORA ESTAS RECIBIENDO ENERGIA DEL CIELO, ESTAS CAMBIANDO Y RENACES CON...............

INTEGRA LA EDICIÓN DE JUGANDO CON LOS ÁNGELES

Hecho el depósito que marca la ley 11.723

YO SOY EL ANGEL
QUE TE ESPERA EN EL CAMINO DE LUZ.
DESCIENDO PORQUE YA ES TIEMPO DE DECIDIR.
¿SEGUIRAS EL CAMINO HABITUAL O ELEGIRAS EL NUEVO? VEN...
YO ESTOY EN EL NUEVO ESPERANDOTE CON....

INTEGRA LA EDICIÓN DE JUGANDO CON LOS ÁNGELES

Hecho el depósito que marca la ley 11.723

YO SOY EL ANGEL QUE TE ENVUELVE EN LUZ Y CALOR DE CIELO. CIERRA LOS OJOS... ME ACERCO A TI LENTAMENTE, RESPONDIENDO AL LLAMADO DE TU CORAZON, Y TE TRAIGO LA FUERZA QUE MAS DESEAS...........................

INTEGRA LA EDICIÓN DE JUGANDO CON LOS ÁNGELES

YO SOY EL ANGEL
ENVIADO POR EL CIELO
PARA CLAMARTE CON
MI LUZ, CONFIA...
DEJA ATRAS TUS MIEDOS.
¡CONFIA EN LOS ANGELES!
NOSOTROS ESTAMOS
CERCA.
CURANDOTE CON...........

INTEGRA LA EDICIÓN DE JUGANDO CON LOS ÁNGELES

Hecho el depósito que marca la ley 11.723

YO SOY EL ANGEL
QUE DESCIENDE EN UN
MOMENTO ESPECIAL...
AHORA DEBES ESTAR EN
CALMA...
ABRE TUS BRAZOS Y
LEVANTALOS AL CIELO...
CONFIA EN MI.
¡YO SE COMO AYUDARTE!
TE ACONSEJO A VIVIR
CON..................................

YO SOY EL ANGEL
QUE TE ANUNCIA LA
LLEGADA DEL CAMBIO
QUE TANTO ESPERABAS.
¡ANIMATE A VOLAR...!
SUBETE A MIS ALAS Y
DEJAME LLEVARTE A
VIVIR CON.........................

INTEGRA LA ED CIÓN DE JUGANDO CON LOS ÁNGELES

Hecho el depósito que marca la ley 11.723

YO SOY EL ANGEL
QUE ESTA JUNTO A TI
PARA GUIARTE. CONFIA...
PUEDES AVANZAR...
AHORA SE ACABAN
LOS MIEDOS Y LA
INSEGURIDAD, CONFIA...
RESPIRA PROFUNDO...ES
TIEMPO... ¡POR FIN!
DE VIVIR CON..................

INTEGRA LA EDICIÓN DE JUGANDO CON LOS ÁNGELES

YO SOY EL ANGEL QUE DESCIENDE PARA AYUDARTE A VOLAR Y CRECER. ¡SUELTATE! AHORA ABRE TUS BRAZOS Y RECIBE ESTA LUZ QUE TE ENVUELVE DULCEMENTE...

TE DOY..............................

YO SOY EL ANGEL QUE DESCIENDE PARA ALEJAR FUERZAS NEGATIVAS DE TU ALREDEDOR. AHORA...QUEDATE EN CALMA. ¡TIENES AYUDA DEL CIELO! EN ESTE MOMENTO UNA FUERZA SECRETA TE ILUMINA. TIENES.............

YO SOY EL ANGEL
QUE TE ACONSEJA TO-
MAR ESA RESOLUCION
TAN POSTERGADA.
¡DEJA DE PENSAR...!
Y HAZ LO QUE TU CORA-
ZON ESTA PIDIENDO,
ANIMATE...
POR FIN A VIVIR CON......

INTEGRA LA EDICIÓN DE JUGANDO CON LOS ÁNGELES

Hecho el depósito que marca la ley 11.723

YO SOY EL ANGEL
QUE TE ANUNCIA LA
LLEGADA DE EXTRA-
ORDINARIAS OPORTU-
NIDADES PARA TI.
ABRE TUS BRAZOS...
RESPIRA HONDO...
¡ES TIEMPO DE DECIR SI!
¿ACEPTAS EL CAMBIO?...
TE DOY EL DON DE.........

YO SOY EL ANGEL
QUE BAJA CUANDO
NECESITAS SALIR DE
LA NEGATIVIDAD.
¡DECIDETE A VIVIR CON
LUZ Y TODO CAMBIARA!
YO TE DOY...
FUERZA Y PROTECCION
CURANDOTE CON............

INTEGRA LA EDICIÓN DE JUGANDO CON LOS ÁNGELES

YO SOY EL ANGEL
QUE TE LIBERA DE
VIEJOS PENSAMIENTOS.
¡VIVE DE UNA FORMA
MAS LIBRE...
MAS DESPREOCUPADA!
TE DOY LO QUE TU
CORAZÓN PIDE...
INTENTA VIVIR CON....

INTEGRA LA EDICIÓN DE JUGANDO CON LOS ÁNGELES

Hecho el depósito que marca la ley 11.723

YO SOY EL ANGEL
QUE CAMBIA LA RUTINA
PUES LLENO DE MAGIA LA
VIDA DE LOS HUMANOS.
A TI TE DOY LA LUZ QUE
NECESITAS ESTE DIA.
PARA CREAR TU PROPIO
PARAISO.
¿ACEPTAS UN REGALO?
TE DOY..............................

Hecho el depósito que marca la ley 11.723

YO SOY EL ANGEL QUE TE AYUDA A DISFRUTAR...

¡VUELA, SUELTATE!

HOY TE DOY UN DON DEL CIELO, UNA NUEVA ENERGIA, PARA VIVIR CON PLENITUD...

RECIBE...............................

INTEGRA LA EDICIÓN DE JUGANDO CON LOS ÁNGELES

Hecho el depósito que marca la ley 11.723

YO SOY EL ANGEL
QUE JUSTAMENTE HOY
TE HACE FALTA PARA
SENTIRTE BIEN.
ACURRUCATE BAJO MIS
ALAS...
¿SIENTES EL CAMBIO?...
AHORA TIENES MI LUZ.
YO TE DOY........................

INTEGRA LA EDICIÓN DE JUGANDO CON LOS ÁNGELES

Hecho el depósito que marca la ley 11.723

YO SOY EL ANGEL QUE DESCIENDE HASTA LO MAS PROFUNDO DE TU CORAZON PARA AYUDARTE. RESPIRA... ¿SIENTES UN DULCE CALOR? UN INTENSO BIENESTAR TE RECORRE CUANDO DESCIENDE ESTA FUERZA DEL CIELO. ESTAS RECIBIENDO..........

INTEGRA LA EDICIÓN DE JUGANDO CON LOS ÁNGELES

Hecho el depósito que marca la ley 11.723

YO SOY EL ANGEL
QUE BAJA PARA DARTE
LA SOLUCION QUE
TANTO BUSCAS. ¿SABES
LO QUE TU CORAZON
NECESITA...?
EL CIELO ME ENVIA PARA
DARTELO............................

YO SOY EL ANGEL ELEGIDO POR TI PARA DESPERTAR TU CORAZON. ¡VIVE CON PASION Y COMPROMETETE PROFUNDAMENTE CON LO QUE AMAS!

HOY EL CIELO TE REGALA LO QUE HACE FALTA:

INTEGRA LA EDICIÓN DE JUGANDO CON LOS ÁNGELES

Hecho el depósito que marca la ley 11.723

YO SOY EL ANGEL QUE DESCIENDE PARA DARTE UNA MISION ESPECIAL, LOS ANGELES NECESITAMOS AYUDA EN LA TIERRA. ¿ ACEPTAS SER UN CANAL? ENTONCES, DESDE AHORA COMPROMETETE A VIVIR CON..

INTEGRA LA EDICIÓN DE JUGANDO CON LOS ÁNGELES

Hecho el depósito que marca la ley 11.723

YO SOY EL ANGEL
QUE BAJA PARA QUE-
DARSE EN TU HOGAR...
¡TRAIGO LUZ DE CIELO
PARA ILUMINARLO!
TODO MEJORARA...
AHORA VIVE UN ANGEL
EN TU CASA,
DANDOTE.....

INTEGRA LA EDICIÓN DE JUGANDO CON LOS ÁNGELES

Hecho el depósito que marca la ley 11.723

YO SOY EL ANGEL QUE ESPERABAS HACE TIEMPO. ESTOY MUY CERCA TUYO... ¿SIENTES EL SUAVE BATIR DE MIS ALAS Y MI SUSURRO EN TU OIDO? . TRAIGO LUZ A TU MENTE Y CALOR A TU CORAZON. CURANDOTE CON......................

INTEGRA LA EDICIÓN DE JUGANDO CON LOS ÁNGELES

Hecho el depósito que marca la ley 11.723

YO SOY EL ANGEL
QUE VUELA DULCEMENTE
A TU ALREDEDOR PARA
ANUNCIARTE LA LLEGA-
DA DE UN TRIUNFO.
SUELTATE...
ENTREGATE... ¡ES FACIL
ASCENDER AYUDADO
POR MIS ALAS! RESPIRA
PROFUNDAMENTE...
VIENE UN TIEMPO DE.....

YO SOY EL ANGEL
QUE TE DA...
LUZ PARA INICIAR NUEVOS PROYECTOS. LLEGAN BUENOS TIEMPOS PARA TI. EL CIELO TE ESTA AYUDANDO...
¡ADELANTE!
YO TE GUIO CON.............

INTEGRA LA EDICIÓN DE JUGANDO CON LOS ÁNGELES

YO SOY EL ANGEL QUE DESCIENDE PARA CUIDARTE PORQUE ESTAS ANTE UN DESAFIO IMPORTANTE.

¡DESPREOCUPATE!...

LOS ANGELES ESTAMOS CERCA. PARA RESOLVERLO DEBES ACTUAR CON.......................................

INTEGRA LA EDICIÓN DE JUGANDO CON LOS ÁNGELES

YO SOY EL ANGEL
QUE TE CONECTA CON
EL CIELO. ¡CONFIA...
SE COMO UN NIÑO!
LOS ANGELES ESTAMOS
DESCENDIENDO PARA
DARTE NUEVAS ENERGIAS
Y HOY RECIBES LA MAS
NECESARIA PARA TI...
TE HACE BIEN, TE DOY...

INTEGRA LA EDICIÓN DE JUGANDO CON LOS ÁNGELES

Hecho el depósito que marca la ley 11.723

YO SOY EL ANGEL QUE BAJA PARA ABRAZARTE FUERTEMENTE. ¡ESTANDO EN MIS BRAZOS YA NADA PUEDE PERTURBARTE!

¿SIENTES LA PAZ DE TENER PROTECCION ANGELICA...? EN ESTE MOMENTO, COMIENZAS....

A VIVIR CON...................

YO SOY EL ANGEL QUE TE ANUNCIA LA LLEGADA DE UN TIEMPO DE PROSPERIDAD. ¡AHORA...FLORECERAN TODOS TUS PROYECTOS! CIERRA LOS OJOS , EXTIENDE TU MANO ABIERTA Y RECIBE ESTA FUERZA DEL CIELO PARA TRIUNFAR, RECIBE...

INTEGRA LA EDICIÓN DE JUGANDO CON LOS ÁNGELES

Hecho el depósito que marca la ley 11.723

YO SOY EL ANGEL QUE BAJA CUANDO ESTAS RENOVANDO TU ENERGIA, ¿RESPIRAS EL NUEVO AIRE? AHORA TIENES UNA FUERZA ESPECIAL... AHORA YA ESTAS CAMBIANDO. PORQUE EL CIELO TE REGALA...

YO SOY EL ANGEL
QUE TE TRAE DEL CIELO
LO QUE HOY MAS
NECESITAS.
¡LEVANTA TU MANO Y
TOMALO!
ESTA ES TU MAYOR LUZ...
TE ESTOY DANDO............

INTEGRA LA EDICIÓN DE JUGANDO CON LOS ÁNGELES

Hecho el depósito que marca la ley 11.723

YO SOY EL ANGEL QUE BAJA PARA AYUDARTE EN TUS SENTIMIENTOS. ANIMATE.... ¡ES HORA DE CAMBIAR POR DENTRO! CONFIA...DISFRUTA... AHORA TIENES AYUDA ANGELICA. SIGUE MI CONSEJO... ES HORA DE VIVIR CON.......................

INTEGRA LA EDICIÓN DE JUGANDO CON LOS ÁNGELES

Hecho el depósito que marca la ley 11.723

YO SOY EL ANGEL
QUE DESCIENDE CUAN-
DO SE ESTAN CURANDO
TODAS LAS HERIDAS DE
TU PASADO.
RESPIRA... POR FIN...
ESTAS LIBRE Y VUELAS
HACIA ALGO REALMEN-
TE NUEVO.
EL CIELO TE DA...............

INTEGRA LA EDICIÓN DE JUGANDO CON LOS ÁNGELES